AF247772

4
L h
1509

L'ARTILLERIE ALLEMANDE

PENDANT LES COMBATS

DES 29, 30 ET 31 AOUT 1870

L'ARTILLERIE ALLEMANDE

PENDANT LES COMBATS

DES 29, 30 ET 31 AOUT 1870

PAR

ANDRÉ LUCAS

CAPITAINE AU 22ᵉ RÉGIMENT D'ARTILLERIE

~~~~~~

PARIS

BERGER-LEVRAULT ET Cⁱᵉ, LIBRAIRES-ÉDITEURS

5, rue des Beaux-Arts, 5

MÊME MAISON A NANCY

—

1877
~~~~~~

L'ARTILLERIE ALLEMANDE

PENDANT LES

COMBATS DES 29, 30 ET 31 AOUT 1870.

D'après l'ouvrage : *Die deutsche Artillerie in den Schlachten und Treffen des deutsch-franzœsischen Krieges 1870-1871. Die Kämpfe am 29., 30. und 31. August 1870*, von LEO, Hauptmann à la suite des schleswig'schen Feld-Artillerie-Regiments Nr. 9, Lehrer an der vereinigten Artillerie- und Ingenieur-Schule. — Berlin 1876, Ernst-Siegfried Mittler und Sohn ([1]).

Situation générale des armées du 25 au 29 août. (Fig. 1). — Dans la soirée du 25 août, l'armée française de Châlons, forte de 150 000 hommes environ, marchait sous les ordres du maréchal Mac-Mahon, de Vouziers sur Stenay, dans la direction de Metz, en vue d'opérer sa jonction avec l'armée du maréchal Bazaine ; plus au S., à deux journées de marche à peine, l'armée allemande, composée de la IIIe armée sous les ordres du prince royal de Prusse et de l'armée de la Meuse sous les ordres du prince royal de Saxe, marchait vers l'O., de Bar-le-Duc dans la direction de Châlons, ignorant complétement que Châlons et Reims avaient été évacués. — Le 26, le grand état-major général allemand, ayant appris que Grand-Pré était occupé par quelques bataillons français et que l'on voyait défiler au N. de cette ville de fortes colonnes françaises, ordonne à l'armée allemande d'exécuter une conversion à droite et de marcher le plus rapi-

---

([1]) Cet ouvrage, comprenant 215 pages de texte et 3 cartes, fait partie d'une publication rédigée, par ordre supérieur, d'après le compte rendu de l'état-major général, les rapports et journaux de marche officiels de l'artillerie allemande, et devant comprendre le récit des opérations de cette artillerie dans les différentes batailles de la campagne de 1870-1871.

Les ouvrages précédents de la même série sont : *Die deutsche Artillerie in den Schlachten bei Metz* (*1. Borny ; 2. Mars-la-Tour ; 3. Gravelotte ; 4. Noisseville*), von F. HOFFBAUER. — *Das Treffen von Weissenburg*, von HOFFBAUER. — *Die Schlacht bei Wœrth*, von LEO.

dement possible vers le N., sous la protection de trois divisions de cavalerie, lancées vers Vouziers, Grand-Pré et Sommérance. — A l'approche de la 5e division de cavalerie, les Français (7e corps) évacuaient Grand-Pré et se retiraient vers le N.; de même le point important de Buzancy tombait, le 27, au pouvoir de la 12e division de cavalerie saxonne après un engagement de quelques heures contre des escadrons de la division Brahaut, grâce à l'intervention efficace d'une batterie à cheval. — C'est ainsi que, dès le 29, l'armée allemande avait comme ligne de bataille, la ligne Vouziers-Buzancy-Nouart-Stenay, son aile droite barrant la route directe de Réthel à Montmédy, c'est-à-dire la plus courte voie de communication entre les deux armées françaises.

Positions de l'armée allemande le 29 août. — A l'aile droite était l'armée de la Meuse, comprenant :

Le XIIe corps saxon (prince Georges de Saxe) et la 12e division de cavalerie, entre Dun et Nouart. (Une brigade avait été détachée vers Stenay.)

Le corps de la Garde (prince de Wurtemberg) à Buzancy.

La division de cavalerie de la Garde à Boult-aux-Bois.

Le IVe corps (général d'Alvensleben) à Rémonville.

Au centre et à l'aile gauche était la IIIe armée, comprenant :

Le Ier corps bavarois (général de Tann) à Saint-Juvin et Sommérance.

Le IIe corps bavarois (général de Hartmann) à Cornay.

Le Ve corps (général de Kirchbach) et la division wurtembergeoise à Grand-Pré sur la rive gauche de l'Aire.

Le XIe corps (général de Gersdorff) sur la route de Vouziers, à Monthois.

Le VIe corps (général de Tümpling) en réserve, plus au sud, à Vienne-le-Château.

A l'extrême gauche, la 5e division de cavalerie était arrivée jusqu'à Attigny et avait coupé, vers Faux, la ligne du chemin de fer de Mézières à Reims ; la 6e division de ca-

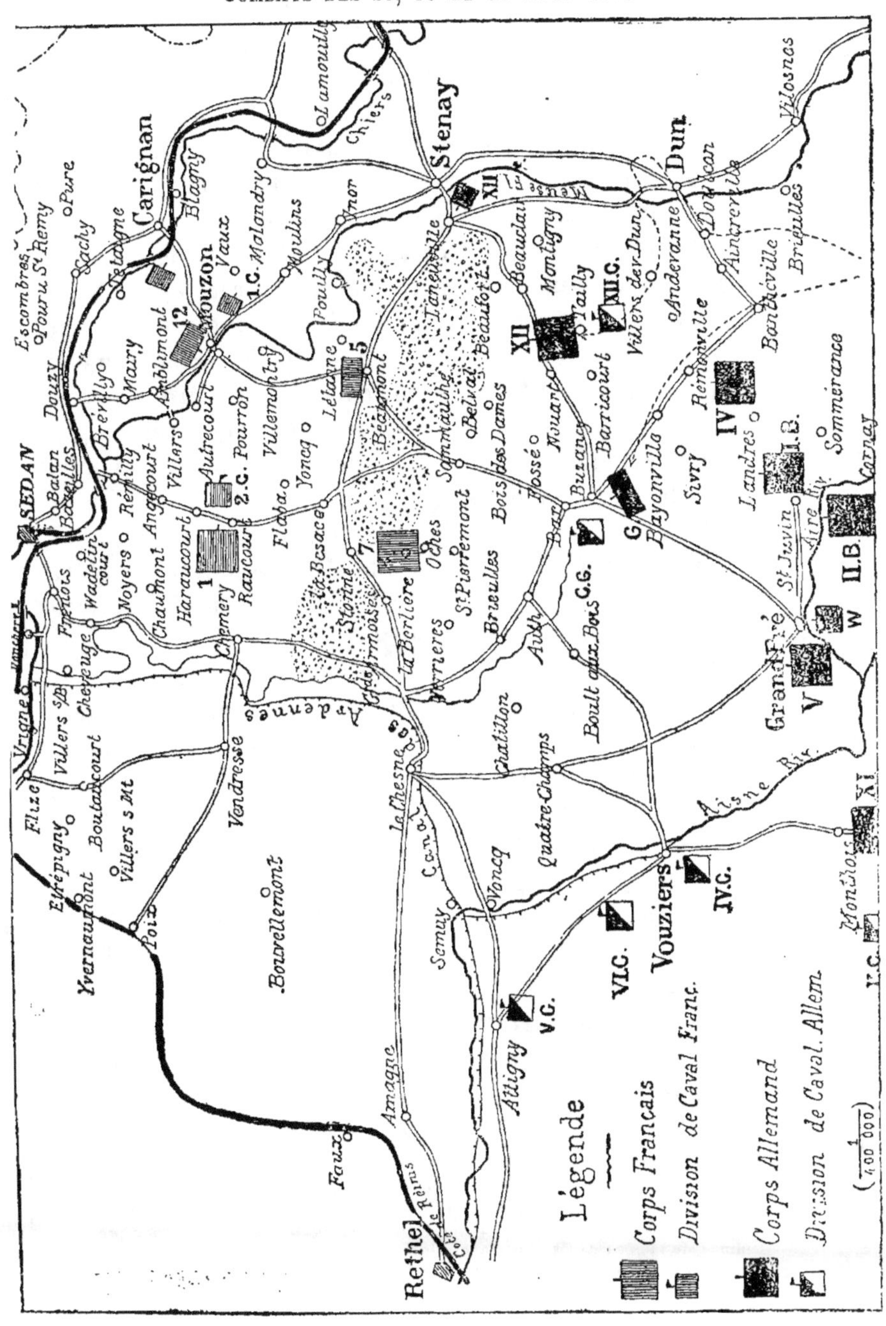
Lamouilly
Chiers
Stenay
Carignan
Dun
Vilosnes
Brieulles
Bièvreville
Barbicville
Doulcar
Aincreville
Andevanne
Remonville
Villers-les-Dun
XII
XIII.G.
Montigny
Beauclair
Bailly
XII
Barricourt
Sivry
Landres
St Juvin
Bayonville
Sommerance
Carnay
II.B.
I.B.
IV
Buzancy
Mouzon
Nouart
Fossé
Bar
Bois des Dames
Belval
Beaufort
Tanneville
Pouilly
Beaumont
Sommauthe
Létane
Oches
St Pierremont
Brieulles
Authe
Bault aux Bois G.G.
G.
Aire Riv.
Grandpré
W
V
XI
Montbroc
I.G.
Blagny
Vaux
Malandry
Moulins
Inor
A.C.
Brouzon
12
Amblimont
Autrécourt
Villers
Pourron
2.C.
5
Bésace
Yoncq
Flaba
Villemontry
Raucourt
Chémery
Stonne
la Bérlière
les Grandes Armoises
Berrières
Châtillon
Quatre-Champs
Voncq
Vouziers
IV.G.
VI.G.
V.G.
Attigny
Semuy
Canal
le Chesne
Ardennes
les
Vendresse
Bouvellemont
Villers s Mt
Boutancourt
Cheveuge
Wadelincourt
Villers s Bar
Etrépigny
Flize
Vrignes
Poix
Yvernaumont
Faux
Amagne
Rethel
SEDAN
Balan
Bazeilles
Douzy
Brévilly
Rémilly
Noyers
Chaumont
Angecourt
Haraucourt
1
Frénois
Escombres
Pouru St Remy
Pure
Sachy
Matton
Escalogne
Mairy
L'égende
Corps Francais
Division de Caval Franç.
Corps Allemand
Division de Caval. Allem.
(1/400 000)

valerie était à Vouziers ; les 2e et 4e divisions de cavalerie les reliaient à la IIIe armée.

Quant à l'armée de Châlons, elle était le 28 au soir à peu près dans les mêmes positions que le 25, perdant ainsi tout l'avantage qu'elle aurait pu retirer d'un mouvement sur le flanc droit de l'armée allemande.

Cédant aux ordres pressants du ministère, le maréchal Mac-Mahon renonçait à l'idée de se retirer vers le N. sur Mézières, et reprenait franchement le 29 sa marche vers l'E. (¹). Mais déjà le passage de la Meuse à Stenay n'était plus possible ; il fallait désormais aller jusqu'à Mouzon ; en outre les rôles étaient renversés, l'armée française prêtait maintenant le flanc à l'armée allemande qui allait chercher à l'envelopper.

Positions de l'armée française le 29. — Le 29, le 12e corps (général Lebrun) passe la Meuse à Mouzon et s'établit sur la rive droite, ainsi que la 1re division de cavalerie de réserve (général Margueritte).

Le 1er corps (général Ducrot) et la 2e division de cavalerie de réserve (général de Bonnemains) s'arrêtent à Raucourt, à 6 kilomètres environ de la Meuse.

Le 7e corps (général Douay) devait gagner La Besace, mais, inquiété dans sa marche par la cavalerie de la Garde, il ne va que jusqu'à Oches.

Le 5e corps (général de Failly) devait se retirer sur Beaumont; mais, cet ordre ayant été intercepté par la cavalerie allemande, il continue à s'avancer vers le S. E. de Stenay, de Belval vers Beaufort et Beauclair.

Combat de Nouart, 29 août. (Fig. 2). — Vers midi, la division de cavalerie Brahaut, qui éclairait la marche du 5e corps, est accueillie, sur la route du Grand-Champy à Beauclair, par une vive fusillade partant du bois de Nouart,

---

(¹) Ce n'est qu'à regret que le maréchal, qui eût préféré couvrir Paris avec son armée, entreprenait cette marche périlleuse vers l'E.; le manque de vivres et la difficulté des ravitaillements l'avaient en outre contraint de séjourner près de Reims : de là ces retards et ces contre-ordres, qui, joints à l'état des routes défoncées par des pluies incessantes, fatiguaient et démoralisaient les troupes.

et se divise, partie sur Beauclair, partie sur le Grand-
Champy. C'était l'avant-garde du XIIe corps saxon, qui occupait les hauteurs au S.-E. de Nouart, et qui avait envoyé
un bataillon en reconnaissance vers Beauclair. Les deux
régiments de l'avant-garde s'étaient développés sur deux
lignes entre Nouart et Tailly, et les deux batteries (1ʳᵉ légère et 1ʳᵉ lourde) avaient pris position au N.-O. de Tailly
sur les hauteurs de la rive droite de la Wiseppe.

$$\text{Fig. 2 } \left(\tfrac{1}{50\,000}\right).$$

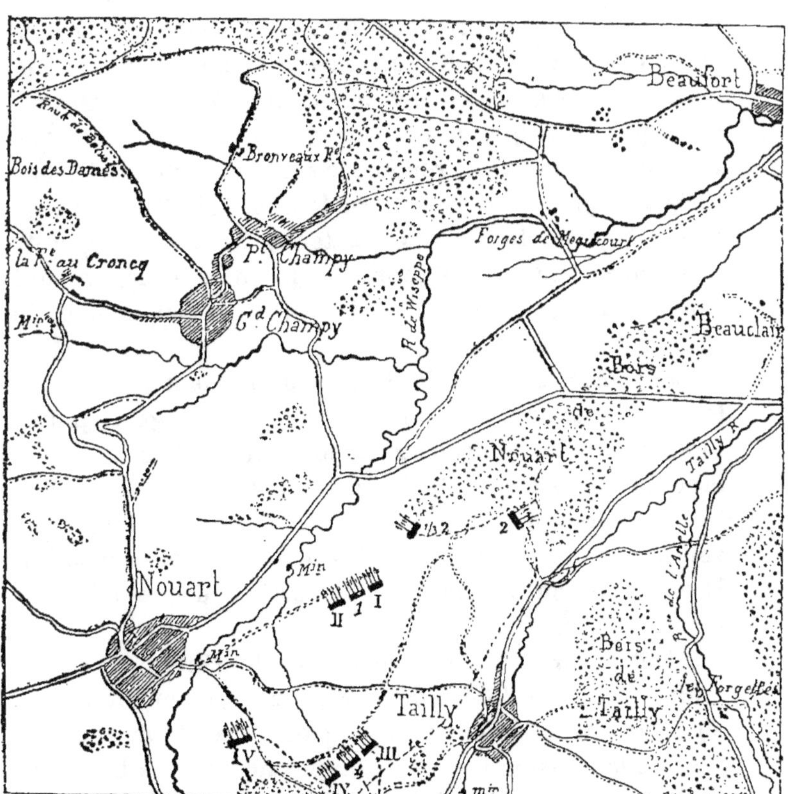

Les batteries lourdes sont désignées par des chiffres romains, les légères par des
chiffres arabes.

Les colonnes françaises de la division Lespart, qui suivaient la division Brahaut, sont arrêtées par le feu de ces deux batteries à 1 200 mètres environ, au moment où elles débouchent du Grand-Champy dans les bas-fonds de la Wiseppe. Le général de Failly, jugeant nécessaire de faire face à cette attaque sur son flanc droit, et croyant avoir affaire à des forces considérables, ordonne de rebrousser chemin aux deux divisions Goze et L'Abadie, qui s'avançaient plus au N. sur la route de Belval à Beaufort, avec l'artillerie de réserve.

Sous la protection des batteries divisionnaires et de l'artillerie de réserve, ces deux divisions se déploient sur les hauteurs au S. et à l'E. de Bois-des-Dames, pendant que la division Lespart occupe les hauteurs au N. de Grand-Champy. L'attaque que l'avant-garde saxonne dirige sur le Grand-Champy est repoussée avec des pertes sérieuses, malgré l'appui de la 2e batterie lourde, qui était venue se placer à la gauche des deux batteries d'avant-garde, et de trois autres batteries (3e lourde, 4e lourde et 4e légère) qui avaient pris position à l'O. de Tailly et canonnaient le plateau au N. de Nouart.

Le prince Georges de Saxe, suffisamment éclairé sur les forces ennemies et ne voulant pas s'engager plus à fond ce jour-là, conformément aux ordres qu'il avait reçus, ordonne de rester sur la défensive, et d'occuper fortement les hauteurs qui s'étendent entre Nouart et Tailly ; il envoie en même temps une brigade en reconnaissance sur Beaufort, où on lui avait signalé l'arrivée des têtes de colonne du 5e corps.

D'autre part, vers quatre heures, le général de Failly avait enfin reçu l'ordre de se replier sur Beaumont. Protégé par une brigade de la division Goze et par une brigade de la division L'Abadie, en position sur les hauteurs de Champy et de Belval, le 5e corps se replia vers le N. sur Beaumont par Belval, mais ce ne fut que le lendemain matin que l'arrière-garde, constamment inquiétée par la cavalerie allemande, arriva à Beaumont complétement épuisée.

BATAILLE DE BEAUMONT.

Ordres de marche du 30. (Voir fig. 1). — Le roi de Prusse, informé de la marche de l'armée de Châlons vers le N.-E., donne l'ordre de l'attaquer dans la journée du 30, sur la ligne de Le Chesne à Beaumont, avant qu'elle n'ait pu traverser la Meuse. En conséquence, l'armée de la Meuse devait franchir vers 10 heures du matin la ligne de Fossé à Beauclair, à l'E. de la grande route de Buzancy à Beaumont, le corps de la Garde restant en réserve ; et la IIIe armée continuer à s'avancer vers le N., en tenant deux corps prêts à appuyer l'attaque du prince royal de Saxe.

Du côté de l'adversaire, la cavalerie de réserve devait gagner Carignan, le 1er corps quitter Raucourt à 7 heures du matin et prendre la route de Sedan par Douzy, le 12e corps rester près de Mouzon et camper entre les routes de Carignan et de Stenay. Le 7e corps devait passer la Meuse à Villers et à Mouzon, le plus tôt possible ; mais sa route fut encombrée par une telle quantité de voitures, que son arrière-garde ne put rompre que vers 10 heures du matin, et que le gros du corps n'arriva à Stonne que vers midi. Le 5e corps devait également franchir la Meuse à Mouzon, et, pour éviter tout combat, se mettre en route de bonne heure ; mais les engagements et les marches de la veille et de la nuit et le manque de vivres avaient complétement épuisé les hommes, et le général de Failly, persuadé d'ailleurs que l'ennemi cherchait à gagner Stenay et ne se doutant pas qu'il était poursuivi par toute une armée, avait décidé qu'on resterait à Beaumont toute la matinée et qu'on ne se mettrait en marche vers Mouzon que dans l'après-midi. Les troupes étaient campées dans l'ordre où elles étaient arrivées à Beaumont, en 3 groupes, deux au N. de Beaumont et un au S. formé par l'arrière-garde ; on ne s'était pas préoccupé du placement des avant-postes, ou tout au moins on ne les avait pas établis de manière à assurer une protection suffisante aux corps au repos.

Cependant, vers 10 heures, l'armée de la Meuse s'avançait sur cinq colonnes : la 23ᵉ division du XIIᵉ corps avec l'artillerie de corps et la 12ᵉ division de cavalerie, de Beauclair à Laneuville et ensuite par la grande route de Stenay à Beaumont ; la 24ᵉ division du XIIᵉ corps, de Beaufort à la ferme Belle-Tour, par le chemin qui traverse la forêt de Dieulet ; la 7ᵉ division du IVᵉ corps, de Nouart à la ferme Belle-Tour, en passant par Grand-Champy et par le bois de Belval ; la 8ᵉ division du IVᵉ corps, avec l'artillerie de corps, de Fossé sur Beaumont, par Belval et le bois du Petit-Dieulet ; et enfin, à l'extrême gauche, le Iᵉʳ corps bavarois, de Saint-Juvin par Buzancy et Sommauthe vers Beaumont, et, à 1 heure de distance, le IIᵉ corps bavarois se tenant en réserve sur la même route. (Voir à la fin l'ordre de marche du 30 août.)

Description du terrain. — Le terrain sur lequel allait s'engager la bataille de Beaumont était très-favorable au rôle défensif des troupes françaises.

Beaumont est situé au fond d'un entonnoir, au point d'intersection des deux routes de Le Chesne à Stenay, et de Buzancy à Mouzon ; d'épaisses et vastes forêts l'entourent sur trois côtés, formant un demi-cercle, ouvert au N., de 3 kilomètres environ de rayon. Ces forêts, que les troupes allemandes avaient à traverser, sont formées de taillis si épais, que l'infanterie même ne pouvait avancer qu'en suivant les cinq chemins énumérés plus haut ; encore ceux-ci étaient-ils détrempés et défoncés par les pluies incessantes des jours précédents ; en outre, le ruisseau de la Wamme, qui coule au travers des bois, et dont le lit marécageux et peu guéable n'est coupé que par trois ponts, devait retarder d'une manière notable la marche des troupes de l'aile droite. Les colonnes allemandes se trouvaient donc ainsi séparées, sans pouvoir se relier entre elles et régler leur marche l'une sur l'autre. La région qui sépare ces forêts de Beaumont est un terrain accidenté, coupé par de nombreux cols et vallons, assez découvert cependant et facilement praticable aux troupes de toutes armes, et dont les points culminants commandent les débouchés de la ville à un kilomètre à peine. Au N. de Beaumont, est une langue de terre, comprise entre la Meuse et le ruisseau d'Yoncq, qui va en se rétrécissant vers Mouzon, et formée d'une série de collines qui s'étagent au N. de Beaumont, et ne permettent pas d'apercevoir, des abords de cette dernière ville, la partie de la vallée de la Meuse qui avoisine Mouzon. Les points culminants de ces hauteurs (306 et 324) sont couronnés par le bois de Givodeau, que ses épais fourrés rendent également impraticable en dehors des chemins ; mais quatre voies mettent en communication Beaumont avec Mouzon et facilitent beaucoup une retraite sur cette dernière ville : la route de la vallée par Létanne et Villemontry ; le chemin de la ferme de la Sartelle et de Villemontry ; la grande route, et enfin le chemin qui passe par la ferme de la Harnoterie, par le village d'Yoncq, et va rejoindre le faubourg de Mouzon.

Ainsi, pour se garder et camper en toute sécurité, le 5e corps n'avait qu'à surveiller le petit nombre de chemins que les Allemands avaient à leur disposition ; de faibles détachements d'infanterie, postés dans les fermes et les bouquets de bois qui se trouvaient à une petite distance du camp, aux points où ces chemins débouchent de la forêt, auraient suffi pour éviter toute surprise, et même pour arrêter quelque temps les têtes de colonnes allemandes. De plus, en occupant les hauteurs qui s'élèvent au N. de Beaumont et qui sont si favorables au développement d'une puissante artillerie, on découvrait les plateaux qui s'étendent au S. de la ville jusqu'à la lisière des bois, et on pouvait fortement entraver le déploiement des colonnes allemandes qui avaient à déboucher des bois sur des points faciles à déterminer d'avance.

Attaque de la 8e division du IVe corps. (Voir fig. 3). — A midi, la tête de la 8e division arrive à la ferme de Belle-Volée,

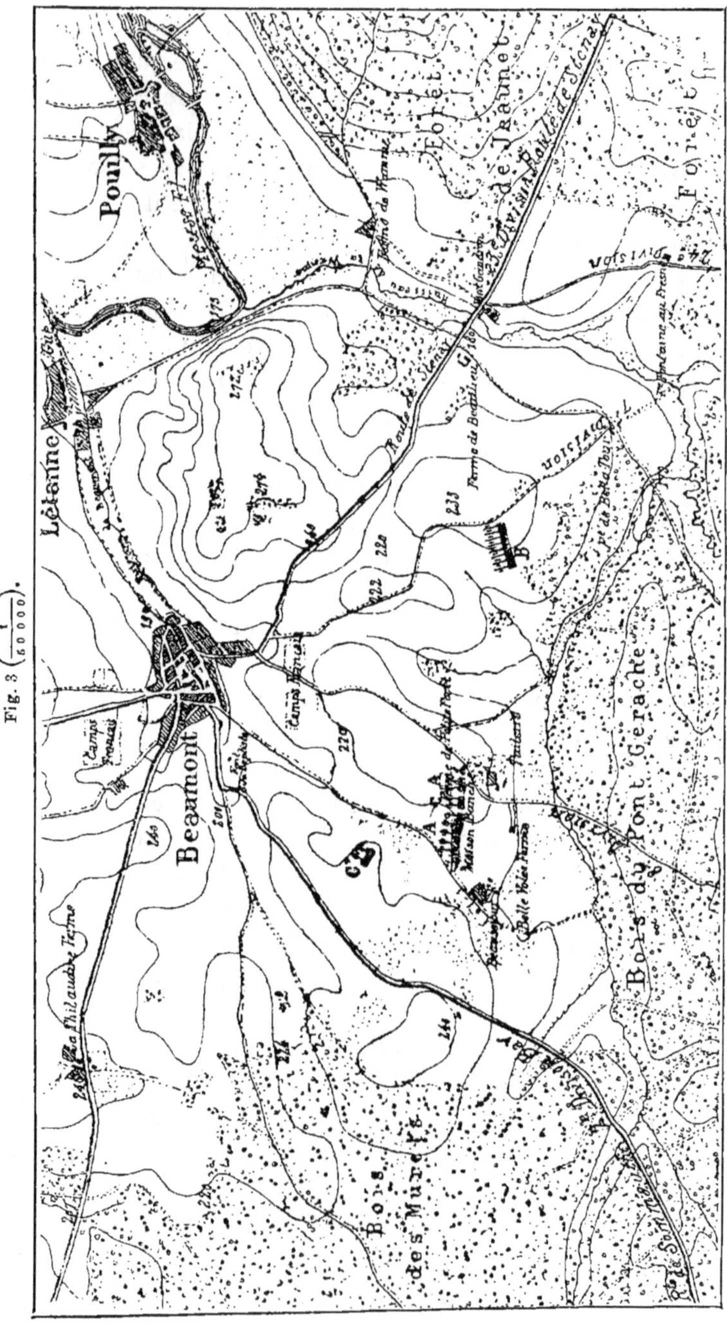

Fig. 3 $\left(\frac{1}{80000}\right)$.

IVᵉ CORPS (10 BATTERIES). — A, A, batteries de la 8ᵉ division (3ᵉ lourde, 3ᵉ légère, 4ᵉ lourde, 4ᵉ légère, de gauche à droite); — B, batteries de la 7ᵉ divisans être remarquée de l'ennemi ; le général de Schœler, désireux de ne pas laisser échapper l'occasion qui s'offrait à lui de surprendre l'adversaire, et assumant la responsabilité d'une attaque immédiate, se décide à ne pas attendre l'arrivée des autres colonnes, comme on le lui avait prescrit ; il fait déployer dans le plus grand silence son avant-garde sur les hauteurs de la ferme de Petite-Forêt ; les deux batteries divisionnaires d'avant-garde prennent aussitôt position, la 3ᵉ lourde près de la Maison-Blanche, la 4ᵉ légère près de la ferme de Petite-Forêt ; les pièces sont mises en batterie et pointées à 600 mètres sur le camp français le plus proche, et à 1 900 mètres sur les camps les plus éloignés. — Tout à coup une vive agitation se manifeste dans le camp le plus proche, et le général d'Alvensleben, voyant sa présence découverte, fait ouvrir un feu rapide sur les camps français, où chacun courait aux armes. — Bientôt des lignes de tirailleurs se forment et, se renforçant à vue d'œil, s'élancent avec résolution à l'attaque des batteries prussiennes et des compagnies de chasseurs qui les protégent. En quelques instants les batteries sont criblées de balles, et subissent des pertes si considérables qu'elles ne disposent bientôt plus que de 2 ou 3 hommes par pièce ; à la 4ᵉ légère 3 officiers, 26 hommes et 34 chevaux sont mis hors de combat en moins d'une demi-heure. Cependant les deux autres batteries de la division sont amenées au trot : la 3ᵉ légère arrive en colonne, couverte dans sa marche de flanc par la ferme de Belle-Volée et par les plis du terrain, et se place par un à-droite près de la 3ᵉ lourde ; la 4ᵉ lourde se place à sa droite près de la 4ᵉ légère ; et les deux batteries ouvrent leur feu sur les batteries françaises qui apparaissent à l'O. de Beaumont, près de la route de Sommauthe et au S., dans l'emplacement même du camp, et qui concentrent leur action sur la ferme de Belle-Volée. Ces quatre batteries, soutenues par un seul bataillon de chasseurs, dont toutes les compagnies sont obligées d'entrer en première

ligne, parviennent à résister aux efforts de l'adversaire,
pendant que le reste de la brigade d'avant-garde cherche
à se déployer.

Au bruit des premiers coups de canon, le général de
Schwarzhoff fait immédiatement avancer la tête de la
7ᵉ division ; le 66ᵉ se déploie des deux côtés du chemin
de la ferme de Belle-Tour à Beaumont ; et la 2ᵉ batterie
légère, qui prend position sur la ligne même des tirailleurs, ouvre son feu à 600 mètres à peine sur les soutiens
ennemis ; elle oblige à la retraite une batterie française
qui tente de s'établir à 800 mètres d'elle, puis dirige un
feu d'écharpe très-efficace sur les réserves de l'adversaire. Les trois autres batteries de la division se placent bientôt après à sa droite ; et ces quatre batteries,
comme celles de la 8ᵉ division, malgré les pertes considérables qu'elles éprouvent (les trois quarts des pertes totales
de la journée), résistent presque seules au choc de l'ennemi qui les approche à moins de 600 mètres.

Vers 1 heure, la brigade d'avant-garde de la 8ᵉ division
était complétement développée. 5 bataillons sont venus
renforcer la position de la Tuilerie à la ferme de Belle-
Volée ; l'attaque de l'infanterie française sur la ferme de
Petite-Forêt est arrêtée et même repoussée ; et les lignes
prussiennes couronnent la crête de la hauteur. Le gros de
la division étant enfin sorti du bois, l'artillerie de corps,
qui marchait à la queue de la colonne, est amenée le plus
rapidement possible par le général d'artillerie de Scher-
bening. Les deux batteries à cheval, qui étaient en tête,
arrivent encore à temps pour ouvrir leur feu sur les colonnes françaises, qui tentent un second retour offensif,
dirigé principalement vers la 7ᵉ division ; la 3ᵉ batterie
à cheval prend position à la gauche de la 4ᵉ légère, qui
était à moitié hors de combat ; la 2ᵉ batterie à cheval s'a-
vance plus au N., à l'O. du chemin de la ferme Beauséjour, et réussit à prendre d'écharpe des masses ennemies
qui cherchent à se former au S.-O. de Beaumont.

Les lignes serrées des tirailleurs français, suivies de
soutiens en ordre compacte, arrivent jusqu'à 50 mètres
des pièces de la 7ᵉ division, mais leur élan est arrêté par
un feu à volonté bien dirigé et une charge à la baïonnette
de toutes les forces disponibles ; les bataillons de la 7ᵉ division de concert avec ceux de la 8ᵉ division se précipitent
sur les pas de l'adversaire et envahissent les camps français de deux côtés à la fois ; cinq pièces, dont deux avaient
tiré jusqu'à la dernière extrémité, tombent au pouvoir des
Prussiens et la retraite de l'adversaire est enfin décidée.

Les progrès rapides de l'infanterie masquent bientôt
l'action des dix batteries du IVᵉ corps ; elles dirigent quelque temps leur feu sur les batteries françaises, qui, déve-
loppées sur les hauteurs, à l'O. et au N. de Beaumont,
cherchent à s'opposer à la marche victorieuse des Prussiens, et protègent la retraite des troupes ; puis, pour aug-
menter l'efficacité de leur tir, elles se portent en avant sur
les pentes qui descendent vers la ville. La 3ᵉ batterie à
cheval prend position sur le haut du plateau, près du chemin de la ferme de Petite-Forêt (voir fig. 4); elle est suivie
immédiatement par la 4ᵉ lourde, qui se place, un peu plus
à l'O., sur le revers de la hauteur ; les 3ᵉˢ lourde et légère
s'avancent des deux côtés du chemin de la ferme de Beauséjour, et se mettent en batterie à 500 mètres environ en
avant de leur première position (¹).

Les batteries de la 7ᵉ division suivent également le mouvement de l'infanterie ; les 1ʳᵉ et 2ᵉ légères s'avancent de
1100 mètres environ vers Beaumont, non sans de grandes
difficultés, dues à la nature accidentée du terrain, et à l'inex-
périence des hommes qui avaient remplacé les conducteurs
mis hors de combat ; elles prennent position sur le col coté
220, et, malgré les pertes sensibles que leur fait éprouver
le feu des tirailleurs embusqués derrière la route de

(¹) La 4ᵉ légère avait perdu tant d'hommes et tant de chevaux qu'elle dut se retirer momentanément du théâtre de la lutte ; ce ne fut qu'au bout d'une heure qu'elle
put remettre en ligne 4 pièces seulement.

Fig. 4 $\left(\frac{1}{50\,000}\right)$.

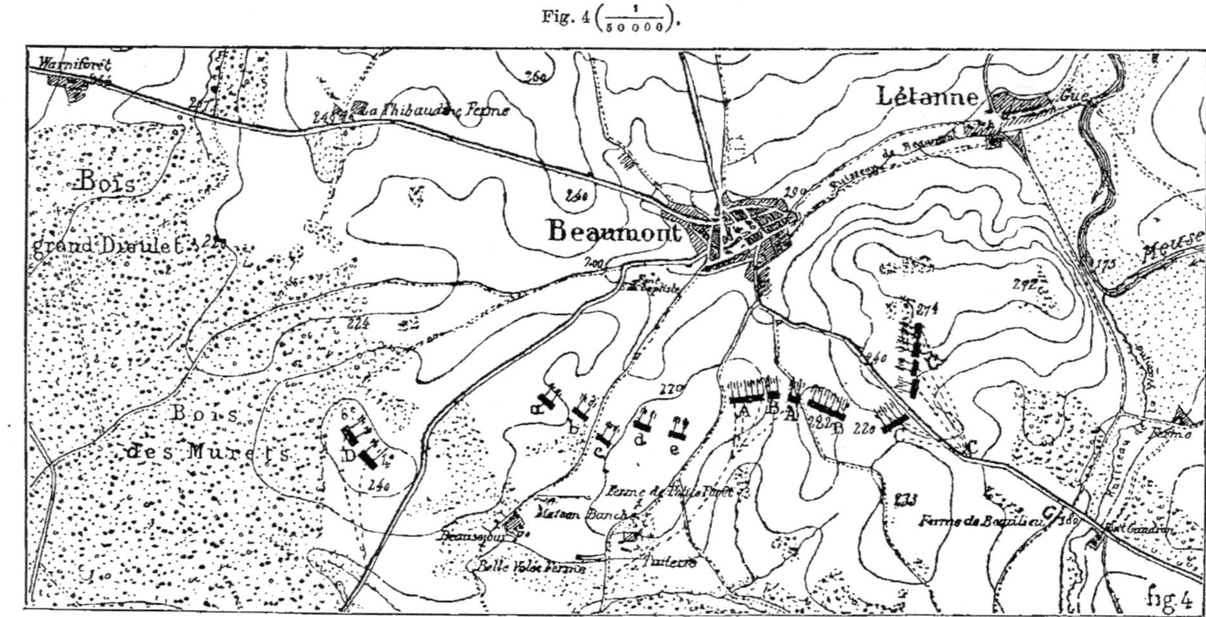

IVe Corps (13 batteries). — *a*, 2e batterie à cheval; *b*, 3e lourde; *c*, 3e légère; *d*, 4e lourde; *e*, 3e à cheval. — A, Λ, 3e Abth. (5e et 6e lourdes, 5e légère, 6e légère). — B, B, 1re Abth. (1re légère, 2e légère, 1re et 2e lourdes).
XIIe Corps (6 batteries). — C, C, 6 batteries saxonnes (1re lourde, 1re légère, 4e légère, 4e lourde, 3e lourde, 2e légère).
1er Corps bavarois (2 batteries). — D (6e lourde, 4e légère).

Stenay, elles ouvrent leur feu à 1 100 mètres sur l'infanterie qui défend encore les jardins à l'E. de Beaumont, et à 1 400 mètres sur les batteries françaises postées au N. de la ville. Les deux batteries lourdes s'avancent par échelons, tirant à 1 300 mètres sur l'infanterie en retraite sur Beaumont, puis sur une section d'artillerie qui paraît quelques instants entre les broussailles près de la cote 274 et viennent ensuite se placer à la droite des 1re et 2e légères.

La 3e Abtheilung de l'artillerie de corps (5e et 6e lourdes, 5e et 6e légères) passe en colonne au S.-E. de la Tuilerie, en suivant le vallon, puis se développe à hauteur de la ferme de Petite-Forêt et vient se mettre en batterie à la gauche des batteries de la 7e division, reliant ainsi les batteries des deux divisions, et formant le centre d'une puissante ligne d'artillerie de plus de 100 bouches à feu.

Attaque du XIIe corps saxon et du Ier corps bavarois. — Cependant vers 1 heure, les 24e et 23e divisions saxonnes débouchaient l'une à la ferme de Fontaine-au-Fresne, l'autre au Pont-Gaudron. Le passage du ruisseau vaseux de la Wamme offrait de grandes difficultés, même pour l'infanterie ; l'artillerie ne pouvait passer que sur le pont Gaudron. Aussi la 4e batterie légère qui était à l'avant-garde de la 24e division, prend le chemin de Fontaine-au-Fresne au Pont-Gaudron, s'intercale dans les têtes de colonnes de la 23e division, monte par la route de Stenay sur la hauteur et prend position à droite et près de la route. Elle est immédiatement suivie par la 2e légère, batterie d'avant-garde de la 23e division, qui s'établit contre un bouquet de bois au nord de la route, et par deux autres batteries de la 24e division (3e et 4e lourdes) qui s'intercalent entre les deux batteries précédentes. Ces 4 batteries, après avoir contribué puissamment à déloger l'adversaire embusqué le long de la route de Stenay, dirigent leur feu à 2 500 mètres sur les batteries françaises en position au N.-O. de Beaumont, qui seules étaient visibles pour elles. Elles sont bientôt renforcées par les autres batteries de la 23ᵉ division ; la 1ʳᵉ légère et la 1ʳᵉ lourde trouvent à se placer à gauche de la route, contre la 2ᵉ lourde du IVᵉ corps, reliant ainsi l'aile droite des batteries prussiennes aux batteries saxonnes.

A l'aile gauche, le Iᵉʳ corps bavarois était arrivé à midi à Sommauthe ; dès que la canonnade s'était fait entendre, le général de Thann s'était décidé à appuyer avec sa 2ᵉ division l'attaque du IVᵉ corps ; aussi, vers 1 heure, la 4ᵉ légère et la 6ᵉ lourde, protégées par une section de chasseurs, quittaient la route de Sommauthe à Beaumont ; à hauteur de la ferme de Beauséjour et prenaient une part efficace au combat, en se mettant en batterie vers le point coté 240, et ouvrant leur feu à 1 800 mètres sur les troupes françaises qui se repliaient sur Beaumont, puis à 3 000 mètres sur la route de Mouzon déjà complétement encombrée.

Prise de Beaumont. — Soutenue par les feux convergents de ces 22 batteries, l'infanterie du IVᵉ corps, après avoir envahi les camps français et avoir fait de nombreux prisonniers, continue sa marche victorieuse ; la 8ᵉ division pénètre dans la ville par le S. et le S.-O., tandis que la 7ᵉ division refoule les tirailleurs embusqués le long de la route de Stenay, enlève les hauteurs au S. de Létanne de concert avec les Saxons, et s'empare des jardins à l'E. de Beaumont. La ville est à peine défendue, les détachements ennemis n'offrent qu'une faible résistance ; et les différents débouchés sont occupés vers 2 heures de l'après-midi.

L'infanterie française ayant été repoussée ainsi au delà de Beaumont, l'artillerie allemande resserre de plus en plus ses feux sur les batteries françaises qui, se retirant lentement, gagnent peu à peu de nouvelles positions, de manière à occuper fortement la ligne du petit bois du Fays à la ferme de la Harnoterie. A l'extrême gauche (voir fig. 5), la 3ᵉ légère et la 2ᵉ à cheval du

IVe corps s'établissent à l'O. de la route de Sommauthe
et ouvrent, à 1 200 mètres, un feu à revers sur les batteries
françaises qui luttent encore au N.-O. de Beaumont. La
4e légère se porte en avant à 1 300 mètres environ près
et au N. du chemin de Saint-Pierremont, la 6e lourde
bavaroise s'avance également de 1 000 mètres le long de
la route de Sommauthe et se place à la gauche de la
2e batterie à cheval. La 2e légère bavaroise qui avait pu
rejoindre les deux batteries d'avant-garde de la 2e division,
arrive assez à temps pour se placer à la gauche de la 4^e
légère bavaroise et ouvrir son feu à 2 000 mètres sur une
batterie de mitrailleuses postée au N.-E. de la ferme de
la Thibaudine. Au centre, la 3e à cheval, la 3e et la 4^e
lourdes vont se mettre en batterie au S. de la route de
Sommauthe, de l'autre côté du vallon de Beauséjour.
La 6e légère s'avance sur la croupe au S. de Beaumont,
à 400 mètres de la ville, et prend d'écharpe la batterie
de mitrailleuses établie au N.-E. de Beaumont ; la 1re légère s'établit à sa droite, entre le chemin de Petite-Forêt
et la route de Stenay.

Les autres batteries du corps sont obligées de chercher
des positions à l'E. de la route de Stenay, en s'intercalant
entre les batteries saxonnes (¹). Deux de ces batteries
(5e et 6e lourdes) n'ayant même pas trouvé de place, suivent l'infanterie dans Beaumont sur la grande route. Les
batteries saxonnes, dès que toute l'infanterie française
s'est repliée au delà du ruisseau de Beaumont, s'avancent
sur la croupe qui descend vers la ville depuis la cote 274,
la 2e lourde et la 2e légère à la droite, les 4e et 3e lourdes
au centre, et les 4e et 1re légères à la gauche. Dans leurs
intervalles se placent 4 batteries du IVe corps, la 5e légère
à gauche de la 2e légère saxonne, la 2e légère, avec 5 pièces
seulement, entre la 4e légère et la 3e lourde saxonnes, et

(¹) Elles avaient dû interrompre leur tir au moment où l'infanterie entrait à
Beaumont et en avaient profité pour rapprocher leur réserve et se réapprovisionner.

Fig. 5 $\left(\frac{1}{50\,000}\right)$.

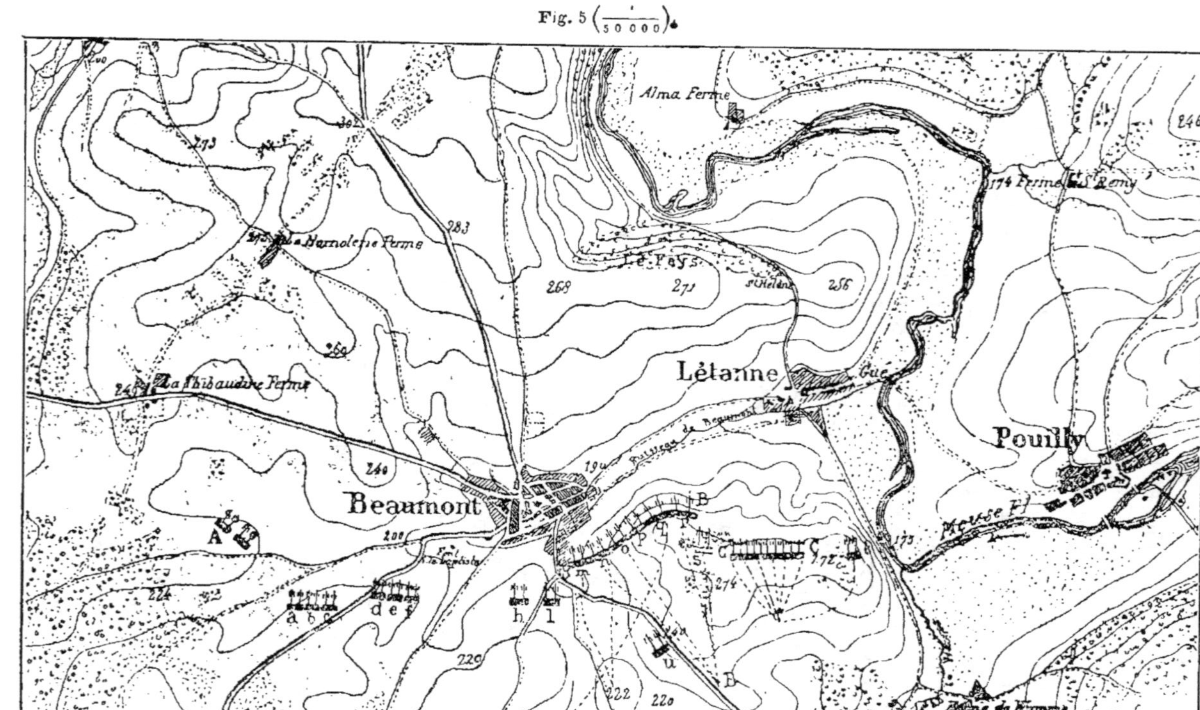

Ier Corps bavarois (3 batteries). — A, 2ᶜ légère, 4ᶜ légère ; a, 6ᶜ lourde.

IVe Corps (11 batteries). — b, 2ᵉ à cheval ; c, 3ᶜ légère ; d, 3ᶜ lourde ; e, 3ᶜ à cheval ; f, 4ᶜ lourde ; h, 6ᶜ légère ; l, 1ʳᵉ légère. — Bm, 2ᶜ lourde et 1ʳᵉ lourde ; Bo, 2ᶜ légère ; Bq, 5ᶜ légère.

XIIe Corps saxon (14 batteries). — Bn, 1ʳᵉ et 4ᶜ légères sax. ; Bp, 3ᶜ et 4ᶜ lourdes sax. ; Br, 2ᶜ légère sax. — s, 2ᶜ lourde sax. ; t, 2ᶜ à cheval sax. ; u, 1ʳᵉ lourde sax. — C, C, 6 batteries saxonnes (5ᶜ, 6ᶜ, 7ᶜ et 8ᶜ lourdes, et 5ᶜ et 6ᶜ légères).

les 1re et 2e lourdes tout à fait à la gauche, près des jardins au S.-E. de Beaumont. Ces batteries n'éprouvent que des pertes insignifiantes dans leur mouvement en avant; elles concentrent leur feu sur les colonnes ennemies qui gravissent les pentes au N. de Beaumont à 2 100 mètres, puis de 1 800 mètres à 2 200 mètres sur l'artillerie française, derrière laquelle l'adversaire cherche à se reformer. A l'extrême gauche, l'artillerie de corps du XIIe corps qui marchait en tête du gros de la 23e division avec les batteries divisionnaires avait pu être développée, au N. de la ferme de Beaulieu, à l'abri des hauteurs qui s'élèvent au sud de Létanne et sous la protection d'un régiment d'avant-garde. La 2e batterie à cheval avait immédiatement pris position à l'E. du bouquet de bois, près du point coté 272, afin de combattre, au N. de Létanne, des batteries françaises qui gênaient le déploiement d'une colonne saxonne à son débouché de la forêt près de la ferme de Wamme et enfilaient le chemin de la vallée de la Meuse. Les 6 autres batteries s'étaient établies quelque temps après à sa gauche, sur le sommet du plateau (5e, 6e, 7e et 8e lourdes, 5e et 6e légères) (¹).

Ainsi, vers deux heures, au moment où Beaumont tombait au pouvoir de l'infanterie du IVe corps et où l'infanterie française était repoussée au N. de la ligne Létanne-Beaumont et la Thibaudine, une ligne presque continue de 27 batteries se formait sur les hauteurs au sud de Létanne et de Beaumont, et écrasait de ses feux les 14 batteries (66 canons et 18 mitrailleuses) dont disposait encore le 5e corps français.

2e période : combat au nord de Beaumont. — A la suite de l'occupation de Beaumont et de la prise du camp établi au N.-O., on avait dû donner quelque repos aux troupes

---

(¹) D'après le récit du grand état-major allemand, la 5e légère aurait été maintenue en réserve, faute d'espace; de même la 6e légère du IVe aurait suivi les 3e et 6e lourdes dans Beaumont. — La 3e légère du XIIe était restée avec les derniers bataillons dela 24e division et ne put prendre aucune part à la lutte.

prussiennes, fatiguées de leur marche dans ces terrains difficiles et de la lutte acharnée qui n'avait pas duré moins d'une heure et demie; les diverses fractions du corps s'étaient, du reste, mélangées et confondues et il importait de remettre un peu d'ordre dans les deux divisions, avant de tenter un nouvel effort sur les lignes ennemies, ralliées peu à peu derrière l'artillerie dans de fortes positions. Durant cette pause, une grande lutte d'artillerie s'était établie entre les batteries allemandes et les batteries françaises; ces dernières changeaient fréquemment de place pour se soustraire aux feux croisés des Allemands; mais, en dépit de la supériorité de l'artillerie adverse, elles ne se retiraient que lentement et par échelons successifs; c'est à leur ferme contenance et à la ténacité de leurs efforts que l'on doit attribuer, en grande partie, l'arrêt qui se produisit dans l'attaque après la prise de Beaumont : seules, les batteries de mitrailleuses dont le tir paraissait inefficace à cette grande distance (2 000 mètres), durent renoncer au combat au bout de fort peu de temps; les autres batteries s'étageaient sur les hauteurs qui sont entre Saint-Hélène et le chemin de Beaumont à Yoncq, au sud des bois du Fays et de la ferme de la Harnoterie.

Attaque et prise de la Thibaudine (voir fig. 6). — Le général d'Alvensleben avait demandé au général de Thann de le soutenir dans un mouvement qu'il voulait exécuter contre le flanc droit de l'ennemi, en prenant pour objectif la ferme de la Thibaudine; il espérait ainsi pouvoir encore couper l'adversaire de sa ligne de retraite et l'empêcher de franchir la Meuse à Mouzon. L'artillerie accumulée entre la Meuse et la route de Stenay devait servir de pivot dans cette conversion à droite et, par son feu, attirer sur elle toute l'attention de l'ennemi. Le général de la 2ᵉ division bavaroise Schumacher dirige donc deux bataillons le long de la lisière E. du bois des Murets contre la Thibaudine, et envoie deux compagnies à travers bois pour flanquer leur gauche. Le 4ᵉ régiment de chevau-légers s'élance sur une batterie de mitrailleuses qui paraissait se trouver isolée au S. de la ferme de la Harnoterie, et battait d'une manière très-efficace les abords de la Thibaudine; accueilli par une vive fusillade partant des taillis au sud de la ferme, il est obligé de se retirer rapidement. Mais, soutenus par les batteries bavaroises et prussiennes postées au S.-O. de Beaumont, qui font bientôt cesser le feu de la batterie de mitrailleuses, les tirailleurs bavarois gagnent la route de Stonne et s'établissent derrière le remblai à l'E. de la Thibaudine, pendant que deux compagnies attaquent la ferme de front. Tout à coup, à la gauche de ces compagnies, des colonnes ennemies apparaissent sur la croupe qui s'étend au S. de la Thibaudine jusqu'à la forêt, et ouvrent leur feu sur elles : c'était l'avant-garde de la division Conseil-Dumesnil qui flanquait le 7e corps français dans sa marche vers la Meuse, par Stonne, la Besace, Raucourt et Rémilly (¹). Une batterie française établie au N. de Warniforêt sur le mamelon coté 242, prend d'écharpe les lignes bavaroises. Forcés de faire front à cette attaque imprévue, les Bavarois sont d'abord obligés de se retirer vers le bois; mais bientôt ils s'avancent avec de nouveaux renforts; le chemin qui longe la croupe au S. de la Thibaudine est repris, et une section de la 2e batterie légère s'établit sur la ligne même des tirailleurs, en laissant les avant-trains derrière la croupe et en poussant les pièces à bras. La 3e brigade s'étant déployée sur ces entrefaites, une attaque générale est dirigée contre la ligne de la Thibaudine et du bois du Grand-Dieulet; la ferme de la Thibau-

---

(¹) Le 7e corps s'était trouvé retardé dans sa marche par les nombreuses voitures dont l'intendance avait encombré les routes, en dépit des ordres formels donnés par le maréchal; aussi, vers 11 heures et demie, son arrière-garde avait été inquiétée par l'avant-garde du Ve corps prussien, à Saint-Pierremont d'abord, puis à Stonne, où elle fut obligée de prendre position. Le bruit de la canonnade, qui redoublait dans la direction de Beaumont, avait décidé le général Douay à franchir la Meuse, non plus à Mouzon, mais à Remilly, afin d'éviter tout combat et d'exécuter ponctuellement l'ordre qu'il avait reçu de s'établir sur la rive droite du fleuve dans la journée du 30.

dine est enlevée et l'adversaire rejeté sur le ruisseau de l'Yoncq. Les 2 autres sections de la 2e légère prennent aussitôt position à 800 mètres au S. de la Thibaudine et

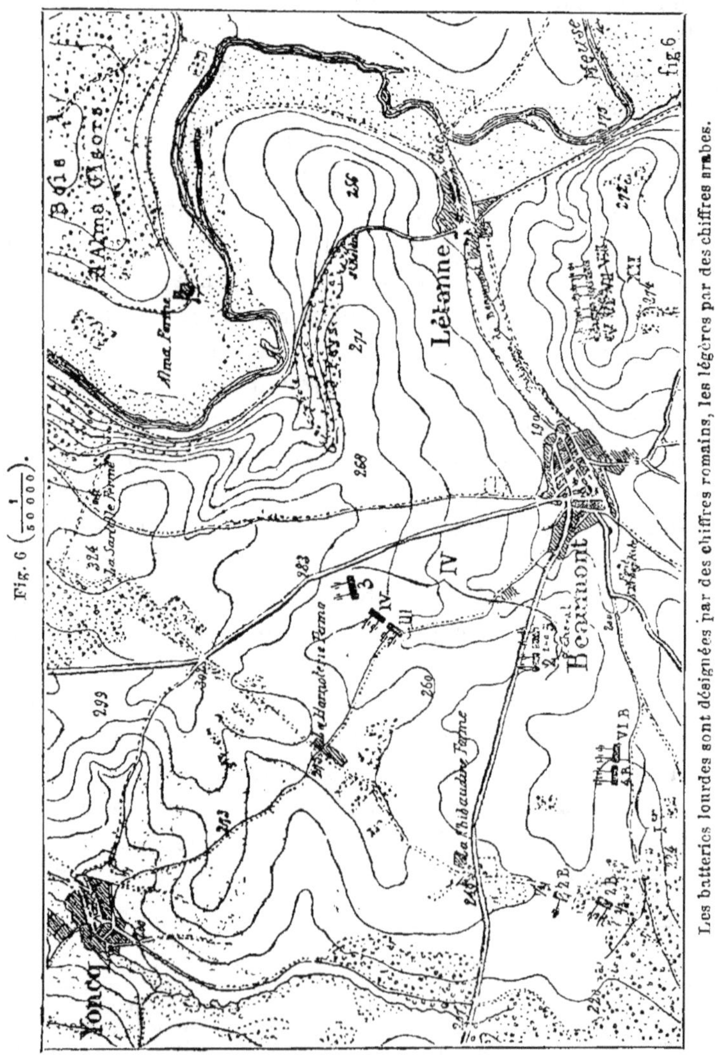

ouvrent leur feu, ainsi que la 3e section, sur la batterie française et sur la ferme de Warniforêt. Après une lutte

assez courte, l'ennemi est délogé de ses positions et bat
en retraite sur La Besace et sur Yoncq, laissant 2 canons
au pouvoir des Bavarois.

Attaque et prise de la Harnoterie (voir fig. 6).— Après
la prise de la Thibaudine, vers deux heures et demie, une action générale recommença: le IVe corps s'était reconstitué
et on avait placé en 2e ligne les troupes qui, jusqu'alors,
avaient donné en 1re ligne; la lutte d'artillerie avait continué pendant tout ce temps, les batteries allemandes
avaient dû allonger leur tir progressivement jusqu'à
2 600 mètres et 3 000 mètres, les batteries françaises se
retirant peu à peu par échelons derrière la ligne des
hauteurs cotées 283, 268 et 271; seules, les 5e, 6e, 7e et
8e lourdes du XIIe corps qui s'étaient avancées de quelques centaines de pas au N. pour rendre leur tir plus
efficace, purent continuer leur feu tant que l'ennemi fut
visible au S. du bois de Givodeau.

L'aile gauche de la 8e division gravit le ravin qui monte
vers la Harnoterie et avec elle la 3e et la 4e lourdes, qui
ouvrent leur feu à 900 mètres à l'O. de la ferme, entre
le chemin d'Yoncq et la route de Mouzon. Les 2e et 3^e
batteries à cheval vont prendre position au point coté 240
en passant par la route de Sommauthe et tirent à 1 100
mètres environ sur la ferme et sur une batterie de mitrailleuses qui se retire après une lutte d'une demi-
heure.

En même temps, l'aile droite de la 2e division bavaroise
attaque de front la ferme de la Harnoterie, et la 4e légère
et la 6e lourde bavaroise concentrent leur feu sur les bouquets de bois au S. de la ferme à 1 500 mètres environ.
Les bâtiments de la ferme sont bientôt en flammes; l'ennemi, vivement pressé au S. et à l'E., les évacue en toute
hâte ainsi que les bouquets de bois, laissant de nombreux
prisonniers entre les mains des chasseurs bavarois. A
l'aile droite, le gros du IVe corps franchit la vallée de

Beaumont. La 8e division se concentre à 400 mètres au S.-E. de la ferme de la Harnoterie. La 7e division se déploie entre la route de Mouzon et le bois du Fays, la 13e brigade en 1re ligne, la 14e en 2e ligne. Trois de ses batteries seulement la suivent avec l'artillerie de corps; la 1re légère, après avoir traversé Beaumont, prend le chemin d'Yoncq, passe à la ferme de la Harnoterie et se porte ainsi à l'extrême gauche de la 8e division.

Situation générale vers 4 heures.— Ainsi, vers 4 heures, l'armée allemande s'avançait sur un front plus resserré. A l'extrême droite, le XIIe corps saxon n'avait pu se déployer qu'en partie; la 23e division occupait les hauteurs au nord de Létanne; la 24e division était maintenue en réserve. On avait dû renoncer, à cause de l'heure avancée, à jeter une partie de ce corps sur la rive droite de la Meuse; seule, la 12e division de cavalerie, avec une batterie à cheval, reçut l'ordre de pousser une reconnaissance vers Moulins, sur la route de Mouzon à Carignan, en passant le fleuve à Pouilly et au gué de Létanne. La 7e division, à cheval sur la route de Mouzon, marchait en deux colonnes, la 13e brigade sur la Sartelle, la 14e sur le mamelon coté 306.

La 8e division marchait également sur le mamelon coté 306 et sur le village d'Yoncq.

Enfin, à l'extrême gauche, la 2e division bavaroise, occupée à poursuivre l'arrière-garde du 7e corps, avait mis à la disposition du général d'Alvensleben un détachement commandé par le colonel Schuch et composé de 4 bataillons, 2 escadrons et 2 batteries (4e légère et 6e lourde); ce détachement s'avançait sur Yoncq en suivant la vallée.

L'ennemi, couvert par une forte arrière-garde, qui occupait le mamelon 306 et le bois de Givodeau, avait rassemblé des forces assez considérables sur le mont de Brune. Le général Lebrun avait envoyé au secours du général de Failly une division du 12ᵉ corps qui s'était établie sur les hauteurs de Villemontry ; mais les ponts de Mouzon se trouvaient tellement encombrés par les troupes en désordre et par des voitures de toutes sortes, que les deux batteries divisionnaires ne purent pas passer. En outre, sur la rive droite de la Meuse, la 2ᵉ division (Lacretelle) du 12ᵉ corps, campée à Moulins, alarmée à l'apparition des batteries saxonnes sur les hauteurs de Létanne, avait occupé les bois des Flaviers et d'Alma-Gisors et mis plusieurs batteries en position dans la clairière, au nord de la ferme Vigneron.

La nature montueuse du terrain et les taillis épais du bois de Givodeau avaient complétement masqué aux troupes allemandes les mouvements de l'ennemi et les dispositions qu'il avait prises.

Combat du bois de Givodeau (voir fig. 7). — Pour reconnaître les nouvelles positions de l'adversaire, 2 régiments de cavalerie sont envoyés vers le mamelon coté 306 ; accueillis par un feu d'artillerie partant du mamelon, et par un feu de mousqueterie partant du bois de Givodeau, ils se replient, et la 7ᵉ division s'avance franchement sur la ferme de la Sartelle, tandis que la 8ᵉ division se développe au N. de la Harnoterie, prenant pour objectifs Yoncq et le mamelon 306.

La 3ᵉ lourde se place au N.-E. de la Harnoterie dès que les bouquets de bois sont occupés, et ouvre son feu sur le carrefour 302 ; la 3ᵉ légère s'établit à l'O. et près de la route de Mouzon et oblige à la retraite une batterie de mitrailleuses en position au S.-O. du bois de Givodeau ; à l'extrême gauche, la 1ʳᵉ légère, continuant à s'avancer à l'O. au delà de la Harnoterie, se met en batterie au point coté 273, au S.-E. d'Yoncq, et poursuit de ses obus, de 1 850 à 2 000 mètres, les troupes françaises, qui sortent du village et gravissent les pentes O. du mamelon 306.

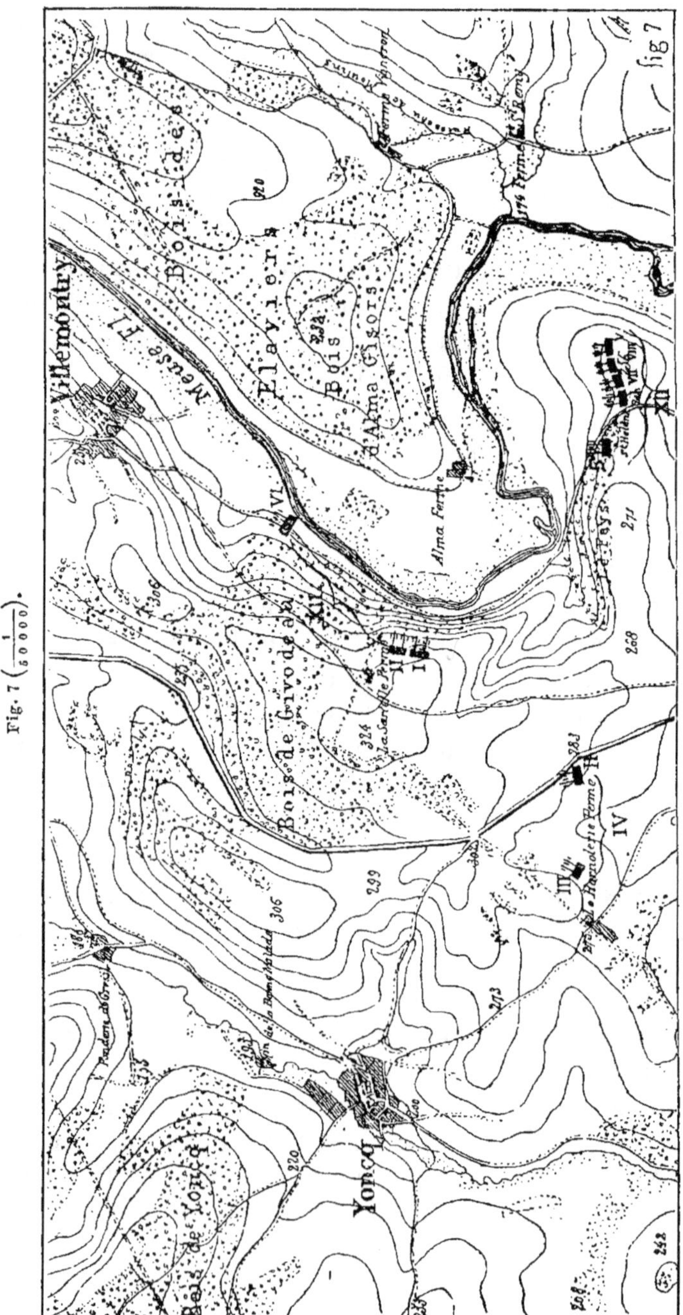

Fig. 7 $\left(\frac{1}{50000}\right)$.

Les batteries lourdes sont désignées par des chiffres romains, les légères par des chiffres arabes.

Voyant que l'ennemi refusait ainsi son aile droite, le général en chef ordonne de tenter un violent effort sur son aile gauche afin de le couper de la Meuse : la 45ᵉ brigade saxonne reçoit donc l'ordre de s'avancer, au N. du bois du Fays, par le chemin qui longe la Meuse dans la vallée, tandis que la 13ᵉ brigade, soutenue par le feu de la 2ᵉ lourde, s'élance au pas de course vers la Sartelle et vers le S.-O. du bois de Givodeau, rejette l'adversaire dans l'épaisseur du bois et occupe solidement la ferme. Le bois de Givodeau est enlevé, mais, à leur débouché de la lisière N. du bois, les troupes prussiennes, aussi bien que les troupes saxonnes qui longent la rive gauche de la Meuse, sont accueillies par des feux croisés très-intenses partant des hauteurs de Villemontry, où la 1ʳᵉ division du 12ᵉ corps avait pris position, et des bois des Flaviers et d'Alma-Gisors qu'occupaient les tirailleurs de la division Lacretelle. L'artillerie de corps saxonne se déploie alors sur les hauteurs de Sainte-Hélène, afin de contrebattre cette attaque sur le flanc droit de l'armée allemande : la 2ᵉ à cheval à l'E. et près du chemin de Létanne, puis successivement, à sa droite, les 7ᵉ, 8ᵉ et 5ᵉ lourdes, et à sa gauche la 5ᵉ légère ; la 6ᵉ légère reste en réserve derrière le bois, faute de place ; la 6ᵉ lourde descend dans la vallée et va prendre position à la pointe N.-E. du bois de Givodeau, dirigeant son feu sur les batteries françaises de Villemontry et attirant sur elle une grande partie des feux de la rive droite, ce qui permet aux troupes saxonnes de se-maintenir à l'E. du bois. Les 1ʳᵉ et 2ᵉ lourdes, du XIIᵉ corps se mettent en batterie, face à l'E., au S. de la ferme de la Sartelle, et couvrent de leurs obus et de leurs shrapnels le bois des Flaviers ; les 1ʳᵉ et 2ᵉ légères restent en réserve derrière la croupe du mamelon.

Malgré l'appui de ces batteries, l'aile droite allemande ne réussit pas à gagner un pas de ce côté ; les batteries françaises de la rive droite, et notamment les batteries de mitrailleuses établies au N. de la ferme d'Alma, sont obligées, il est vrai, de battre en retraite, mais elles prennent de nouvelles positions au N. du bois des Flaviers, et, vers six heures, les troupes saxonnes, renonçant à leur attaque, se replient vers la ferme de la Sartelle; la 13e brigade garde la lisière N. du bois, mais laisse le petit bois de Villemontry au pouvoir de l'ennemi.

Combat au N.-E. d'Yoncq (voir fig. 8).— Pendant que le prince royal de Saxe était ainsi obligé de renoncer au projet de couper l'ennemi de Mouzon, des avantages décisifs étaient remportés à l'aile gauche. Toute l'artillerie du IVe corps avait été réunie sur la route de Beaumont à Mouzon, attendant une occasion favorable pour entrer en ligne : la 1re Abtheilung au S. du bois de Givodeau (¹); les 2e et 3e Abtheilungen et l'Abtheilung à cheval un peu plus en arrière. Seule, la 3e lourde s'était avancée bien en avant du front de la 8e division, et s'était mise en batterie au N. du carrefour 302 pour soutenir l'attaque de la 14e brigade sur le mamelon 306.

Sous la protection de cette batterie, la 14e brigade s'élance résolument à l'attaque du mamelon, malgré un feu très-vif d'artillerie et de mousqueterie, et, en dépit des efforts de l'infanterie ennemie, parvient à s'emparer de deux pièces qui avaient continué à tirer jusqu'à la dernière extrémité. L'ennemi se retire dans le bois; mais, vivement poursuivi par le 93e régiment, il laisse entre ses mains 10 bouches à feu (6 canons et 4 mitrailleuses), la plupart renversées et abandonnées sous bois, et s'enfuit, en partie vers le N., en partie vers la fonderie du Grésil.

Pendant que l'on cherche en toute hâte de l'artillerie pour l'amener sur le mamelon 306, tout l'effort de la 14e brigade et de la 8e division qui s'était avancée le long de la vallée de l'Yoncq, se tourne vers le Grésil, où de forts détachements français s'étaient retranchés sous la protec-

---

(¹) C'est là que la 1re légère vint la rejoindre, après la prise du mamelon 306.

Fig. 8 $\left(\frac{1}{50\,000}\right)$.

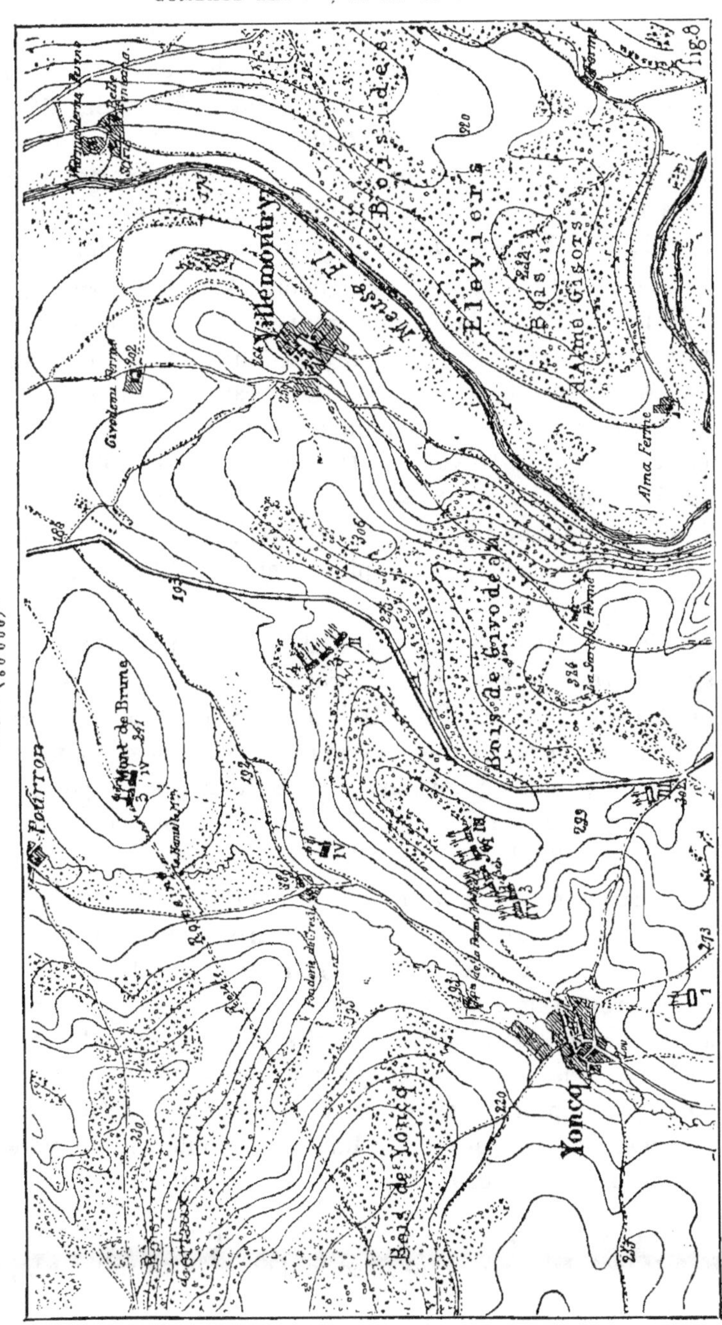

BATTERIES DU IVᵉ CORPS : les batteries lourdes sont désignées par des chiffres romains, les légères par des chiffres arabes.

tion de l'artillerie établie sur le mont de Brune. Attaqué au S. et à l'E. et menacé en outre d'être enveloppé par deux compagnies du 93ᵉ, qui s'étaient embusquées dans le vallon au S. du mont de Brune et avaient contraint les batteries françaises et leurs soutiens à se reporter plus en arrière, l'ennemi est délogé de la fonderie et se retire vers le moulin de la Hamelle en perdant un canon.

Durant cette attaque, le mamelon 306 s'était garni d'artillerie : la 3ᵉ lourde, la plus rapprochée du théâtre de la lutte, était arrivée la première ; les deux batteries à cheval l'avaient rejointe presque aussitôt à l'allure la plus rapide et s'étaient placées à sa gauche ; en outre, la 3ᵉ légère et la 4ᵉ lourde, suivant la 15ᵉ brigade dans son attaque sur le Grésil, s'étaient mises en batterie le long des pentes E. du ruisseau de l'Yoncq ; bientôt après la 6ᵉ lourde trouvait encore place pour 4 pièces entre la 3ᵉ lourde et la 3ᵉ à cheval.

Ces six batteries dirigent d'abord un feu très-efficace sur les troupes françaises en retraite le long du ruisseau de l'Yoncq de 1 000 à 2 000 mètres, puis concentrent leur action sur les batteries françaises établies sur le mont de Brune ; mais ce dernier tir, exécuté à grande portée, demeure à peu près sans effet, l'observation des coups étant très-difficile.

En résumé, vers cinq heures et demie, le gros de la 8ᵉ division, suivi du détachement bavarois, était réuni à la fonderie du Grésil, et la 14ᵉ brigade au N. de la carrière qui se trouve près du coude de la route de Mouzon. Une attaque générale est alors prescrite sur le mont de Brune, clef de la position du 5ᵉ corps, avec ordre à la 8ᵉ division d'étendre le plus possible son aile gauche vers le N., afin d'envelopper l'ennemi et de lui couper toute retraite vers Villers-devant-Mouzon.

Attaque de Mouzon. — Le mont de Brune n'était garni que de trois batteries françaises dont deux de mitrailleuses ;

plusieurs bataillons d'infanterie en défendaient les pentes, mais leur front était tourné vers le débouché de la route de Beaumont hors du bois de Givodeau, où sans doute ils s'attendaient à une vigoureuse attaque; en outre, le hameau de Pourron n'était occupé qu'avec des forces insuffisantes.

La 14ᵉ brigade attaque les positions ennemies à la fois au S. et à l'E. avec la majeure partie de ses forces, et à l'O. avec un bataillon ; la 4ᵉ lourde, qui avait quitté assez vite l'emplacement peu propice qu'elle occupait sur les pentes orientales de la vallée d'Yoncq, se met en batterie à l'E. du Grésil et ouvre un feu très-vif, à 1 300 mètres environ, sur les troupes françaises. Pris ainsi en flanc sur leur droite et vivement assaillis sur leur front, les bataillons français sont repoussés, et le 93ᵉ parvient à s'emparer d'une batterie de canons, malgré l'énergique résistance des servants et de l'infanterie la plus proche et malgré une charge exécutée par un escadron français. La 14ᵉ brigade continue ensuite sa marche en avant, gagne la voie romaine qui conduit à Mouzon, et prend 2 canons et 2 mitrailleuses que l'adversaire n'avait pu emmener. Une partie de la brigade, se rabattant alors vers l'E., descend par la voie romaine vers Mouzon, où elle est assaillie par des masses fraîches d'infanterie, qui débouchent de la ville ; à peine ce retour offensif est-il repoussé, qu'elle est menacée sur son flanc gauche par une charge à fond du 5ᵉ régiment de cuirassiers (¹) ; elle fait rapidement face à cette nouvelle attaque, et, par des décharges rapides et à bout portant, réussit à arrêter l'élan des braves cavaliers français, dont quelques-uns seulement arrivent jusqu'aux lignes prussiennes (²).

Pendant ce temps, le gros de la 8ᵉ division s'avançait de la fonderie du Grésil sur le hameau de Pourron.

(¹) De la brigade Béville (division de Salignac-Fénélon, 12ᵉ corps).

(²) 11 officiers, dont le colonel Contenson, une centaine d'hommes au moins et encore plus de chevaux périrent dans cette charge.

La 3ᵉ batterie légère, suivie bientôt de la 4ᵉ batterie lourde, gravit les pentes occidentales du mont de Brune et s'établit près de la voie romaine ; elle ouvre son feu à 1 000 mètres sur le hameau de Pourron, que des détachements ennemis défendaient encore contre l'attaque de la 8ᵉ division ; la 4ᵉ batterie lourde tire à 1 500 mètres sur une batterie française qui, placée au N. du faubourg de Mouzon, cherche à seconder le retour offensif des Français, mais la raideur des pentes nuit à l'efficacité de son tir (pente de $\frac{1}{25}$). La 8ᵉ division s'empare bientôt de Pourron, assure ainsi le flanc gauche des batteries prussiennes, et se réunit au N. du mont de Brune à la 14ᵉ brigade. Le détachement bavarois reçoit l'ordre de gravir avec ses deux batteries les pentes N.-E. de Pourron et de marcher vers Autrecourt et Rouffy. Arrivé sur la hauteur, on reconnaît qu'une forte colonne ennemie cherche à passer la Meuse sur un pont jeté entre Autrecourt et Villers. La 4ᵉ légère et la 6ᵉ lourde (voir fig. 9) prennent immédiatement position sur la croupe qui descend au S. d'Autrecourt, et de là canonnent avec vivacité, à 1 800 mètres environ, les colonnes qui se trouvent encore sur la rive gauche ou qui sont en train de passer le pont. Sous l'action efficace de ces batteries, le passage de la Meuse est bientôt suspendu, et les ennemis se retirent en désordre, partie sur Villers, partie sur Rouffy, derrière la route de Mouzon.

Au centre, la 1ʳᵉ Abtheilung, tenant en réserve ses batteries légères, avait amené ses deux batteries lourdes sur la pente rapide du versant N. du mamelon 306, en avant de la carrière de pierres ; et la 4ᵉ légère, qui avait réussi à remettre 4 pièces en état de combattre, s'était placée à leur gauche : ces trois batteries avaient puissamment contribué à la défense de l'aile droite de la 14ᵉ brigade, en ouvrant leur feu à 1 400 mètres sur les troupes françaises qui essayaient de déboucher du faubourg de Mouzon.

Les Français occupaient toujours les deux côtés du faubourg et la route de Rouffy, et le centre de la résis-

Fig. 9 $\left(\frac{1}{50000}\right)$.

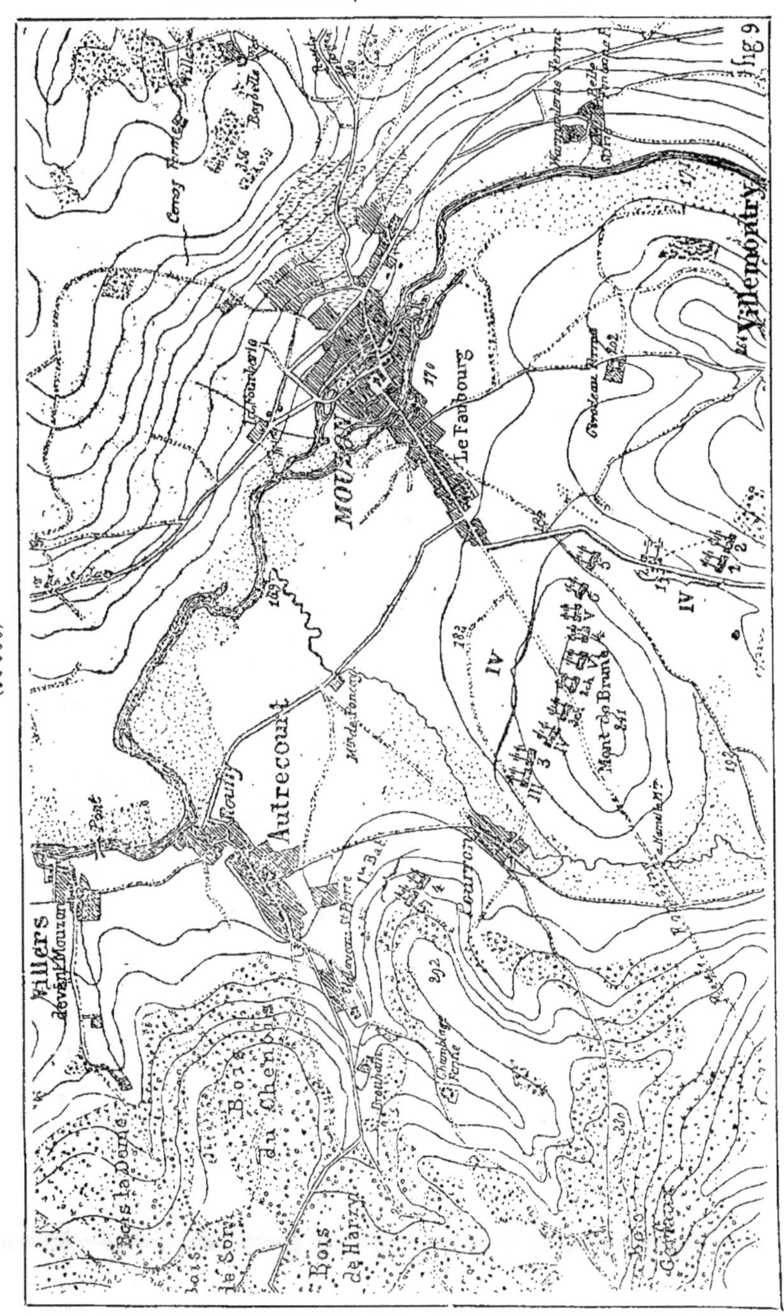

Les batteries lourdes sont désignées par des chiffres romains, les légères par des chiffres arabes.

tance paraissait être au moulin de Poncay. La 8ᵉ division s'avance donc par le vallon de l'Yoncq, sur les deux rives du ruisseau, en prenant le moulin pour objectif; la 3ᵉ légère et la 4ᵉ lourde descendent sur le versant N. du mont de Brune pour soutenir cette attaque, et canonnent à 1 500 mètres les troupes massées dans le vallon; elles sont bientôt renforcées par les 2 batteries à cheval qui s'établissent à leur droite, des deux côtés de la voie romaine. La 3ᵉ Abtheilung se développe à son tour au S. du mont de Brune, et, chaque batterie obliquant à droite pour gravir plus facilement les pentes, elle vient se placer derrière la croupe orientale du mont, la 6ᵉ lourde près de la 2ᵉ batterie à cheval, la 5ᵉ lourde et la 6ᵉ légère au centre, et la 5ᵉ légère à la droite, près de la route de Mouzon, à 700 mètres à peine du faubourg.

La 3ᵉ batterie lourde, qui était restée en arrière parce qu'elle avait épuisé toutes ses munitions sur le mamelon 306 et qu'elle avait dû se réapprovisionner, rejoint alors son Abtheilung et prend position à l'extrême gauche. La 4ᵉ batterie légère, quittant les 1ʳᵉ et 2ᵉ lourdes, gravit aussi le mont de Brune et se place entre la 6ᵉ lourde et la 5ᵉ lourde. Les 1ʳᵉ et 2ᵉ batteries légères, tenues jusqu'alors en réserve, s'avancent également à l'E. de la route de Mouzon, au N. du petit bois de Villemontry, et, ne pouvant plus tirer sur le faubourg, qui était déjà envahi par les troupes prussiennes, dirigent leur feu, à 2 600 mètres, sur les batteries françaises postées sur la rive droite de Meuse.

Sous le feu de ces 12 batteries, qui concentraient leur action sur les ponts de Mouzon, sur le vallon de l'Yoncq et partout où des masses cherchaient à se reformer, et qui atttiraient sur elles tout l'effort des batteries françaises de la rive droite, le 5ᵉ corps, acculé à la Meuse, ne pouvait plus résister longtemps contre les forces toujours grossissantes des Allemands. Toutefois ce n'est qu'à sept heures du soir que le moulin de Poncay et le parc de voitures installé au S.-E. tombent au pouvoir des Allemands, après une lutte acharnée qui leur fait éprouver des pertes très-sensibles.

En même temps, le faubourg est envahi par trois côtés à la fois : à l'O., par la voie romaine ; au N., par la route de Rouffy, et au S., par le cimetière. L'attaque par le S. se fait avec tant d'impétuosité que les abords du pont sont immédiatement occupés par deux compagnies prussiennes ; en vain les troupes françaises, qui combattaient encore au S. de Mouzon, tentent-elles un retour offensif pour reprendre le pont, elles sont repoussées par les attaques convergentes des Allemands. Les batteries établies sur le mont de Brune, dirigeant alors leur feu sur les batteries françaises de la rive droite, permettent à l'infanterie prussienne de gagner les bords de la Meuse ; l'obscurité seule fait cesser le tir de ces batteries, qui eurent à renouveler deux fois leurs munitions et le firent sans difficulté.

Prise de Villemontry. — Fin de la bataille. — Pendant que le IVe corps remportait ainsi sur sa gauche des succès rapides et décisifs, la position de Villemontry était toujours occupée par des forces françaises considérables. Dès que l'ennemi eût été repoussé dans Mouzon, la 1re Abtheilung avait dû suspendre son feu et s'était réunie près de la route, au bas des pentes orientales du mont de Brune. On s'occupait de chercher un emplacement favorable pour les deux batteries légères dans les environs de la ferme de Givodeau, quand des coups de feu leur arrivèrent par derrière, partant du bois de Villemontry. Deux compagnies sont aussitôt dirigées vers le bois pour protéger les batteries ; cette attaque de flanc seconde puissamment celle des bataillons saxons qui débouchent au même instant au N. du bois de Givodeau par le col coté 299. L'ennemi se retire vers le N., mais, accueilli par le feu de la 2e légère qui se met en batterie le long de la route et par les feux du 96e, en marche sur la ferme de

Givodeau, il se rejette rapidement vers la Meuse. La position de Villemontry devenait dès lors intenable ; parmi ses défenseurs, repoussés du S. et de l'O. jusque sur la Meuse, un certain nombre essaya de gagner à la nage la rive opposée ; d'autres, à la faveur de l'obscurité, trouvèrent, un abri dans les broussailles ; un assez grand nombre fut fait prisonnier.

A sept heures et demie, le feu cessait complétement du côté des Français ; et bientôt l'obscurité, de plus en plus profonde, réduisait aussi au silence le feu des Allemands, alors complétement maîtres des bords de la rive gauche de la Meuse, des deux côtés du faubourg de Mouzon.

JOURNÉE DU 31 AOUT.

Situation générale de l'armée de Châlons du 30 au 31 août. — Par suite des événements de la journée du 30 août, le maréchal Mac-Mahon avait reconnu l'impossibilité de continuer son mouvement vers l'E., et s'était décidé, dès l'après-midi du 30, à concentrer son armée sur Sedan, pour la ravitailler en vivres et en munitions.

Mais déjà la 1re division de cavalerie et les 2e et 4e divisions du 1er corps, qui avaient passé la Meuse dans l'après-midi du 30 à Rémilly à l'aide d'un bac et d'un pont de bateaux, s'étaient avancées sur Carignan par Douzy (fig. 10) ; ces divisions, suivies de l'artillerie de réserve et du train du 1er corps arrivaient à Carignan vers 11 heures du soir, et ne recevaient l'ordre d'en partir que le lendemain matin de bonne heure ; quant aux deux autres divisions du 1er corps, la 1re et la 3e, elles avaient été ramenées sur Douzy, où elles se déployaient pour recueillir les débris du 5e corps.

Le 12e corps avait reçu l'ordre de quitter Mouzon et de gagner Sedan par une marche de nuit ; il n'y arrivait que dans la matinée du 31, entre Douzy et Bazeilles, après maints arrêts nécessités par l'encombrement des routes.

Le 5e corps, complétement épuisé et en partie débandé,

avait été dirigé sur Sedan ; à 9 heures du matin il atteignait les portes de la ville et campait au Fond-de-Givonne.

Le 7ᵉ corps, dans sa marche de Saint-Pierremont sur Stonne, pendant la journée du 30, avait été vivement inquiété par le Vᵉ corps prussien, qui l'avait même obligé à se couvrir par une forte arrière-garde établie sur les hauteurs au N. de Stonne ; toutefois il n'avait pas été sérieusement attaqué, le Prince royal de Prusse ayant donné l'ordre au Vᵉ corps prussien d'attendre le XIᵉ corps en marche sur la Berlière. Il put donc évacuer sa position de Stonne vers 1 heure, et se retirer sur La Besace, suivi à quelques kilomètres seulement par l'avant-garde du Vᵉ corps prussien jusqu'à la route de Stonne à Beaumont. A peine avait-il dépassé La Besace qu'il était attaqué à l'E. par une partie de la 2ᵉ division bavaroise, qui poursuivait la division Conseil-Dumesnil en retraite sur Flabas, et par la 1ʳᵉ division bavaroise, qui avait été dirigée de Sommauthe sur La Besace. Protégé par la division Dumont, qui s'établit fortement des deux côtés de la route sur les hauteurs qui sont au S. de Raucourt et contint les Bavarois jusqu'à l'approche de la nuit, le gros du 7ᵉ corps put continuer sa retraite sur Rémilly en assez bon ordre, et, à la faveur de l'obscurité, franchir en partie la Meuse sur un pont de bateaux qu'on y avait jeté ; mais, le pont s'étant rompu pendant le passage, le corps se trouva fractionné et une notable partie de l'infanterie avec l'artillerié de réserve dut gagner Sedan par la rive gauche de la Meuse et n'y arriva que vers trois heures du matin. Ainsi le 7ᵉ corps, harassé de fatigue par cette longue marche de 30 kilomètres, en présence des Allemands qui ne lui laissaient aucun repos, quelque peu entamé par les combats du 30, fractionné par la rupture du pont de Rémilly, cherchait, le 31 au matin, à se rallier à Floing, au N. de Sedan, mais semblait, comme le 5ᵉ corps, peu propre à soutenir énergiquement la lutte.

Enfin le 13ᵉ corps (général Vinoy) recevait l'ordre de

se réunir sous Mézières et de pousser quelques reconnaissances au S. et à l'E. pour éclairer l'armée de Châlons sur les positions des Allemands.

Dans le but de laisser un peu de repos aux troupes, aucune disposition ne fut prise d'ailleurs, dans la journée du 31, pour assurer la retraite de l'armée française sur Mézières. Les différents corps restaient à peu près dans leurs positions : le 1er corps se repliait de Douzy derrière la vallée de la Givonne et s'établissait, face à l'E., entre Givonne et Daigny ; le 12e corps s'établissait à sa droite, face à l'E. et au S., entre Daigny et Bazeilles ; le 5e corps restait en réserve sous les murs de Sedan, le 7e corps s'établissait, face au N.-O., sur le plateau qui s'étend entre Floing et le calvaire d'Illy ; les deux divisions de cavalerie de réserve bivouaquaient près de Floing. — Quant aux passages de la Meuse, on avait bien donné l'ordre de les détruire ; mais les ponts de Flize et de Frénois furent seuls rompus ; et les deux ponts très-importants de Donchéry et de Bazeilles tombèrent intacts au pouvoir des Allemands (¹).

Opérations des armées allemandes du 30 au 31 août. — Dans la soirée du 30 août, le roi de Prusse, informé de la retraite de l'armée française sur Sedan, avait donné l'ordre de diriger, dès le lendemain matin, une attaque générale contre l'ennemi, afin de l'envelopper et de le resserrer le plus étroitement possible entre la Meuse et la frontière belge. L'armée de la Meuse devait jeter deux corps sur la rive droite de la Meuse, de manière à prendre en flanc les positions de Mouzon et à empêcher l'armée française de se dérober dans la direction de l'E. ; la IIIe armée devait opérer contre le front et la droite de l'ennemi et garnir d'artillerie les hauteurs de la rive gauche.

(¹) Une compagnie du génie avait été envoyée par le chemin de fer de Sedan à Donchéry pour faire sauter le pont ; mais elle n'était pas plus tôt descendue de voiture que le train repartait aussitôt, emportant la poudre et les outils. (*Guerre franco-allemande.*)

Fig. 10 $\left(\dfrac{1}{400\,000}\right)$.

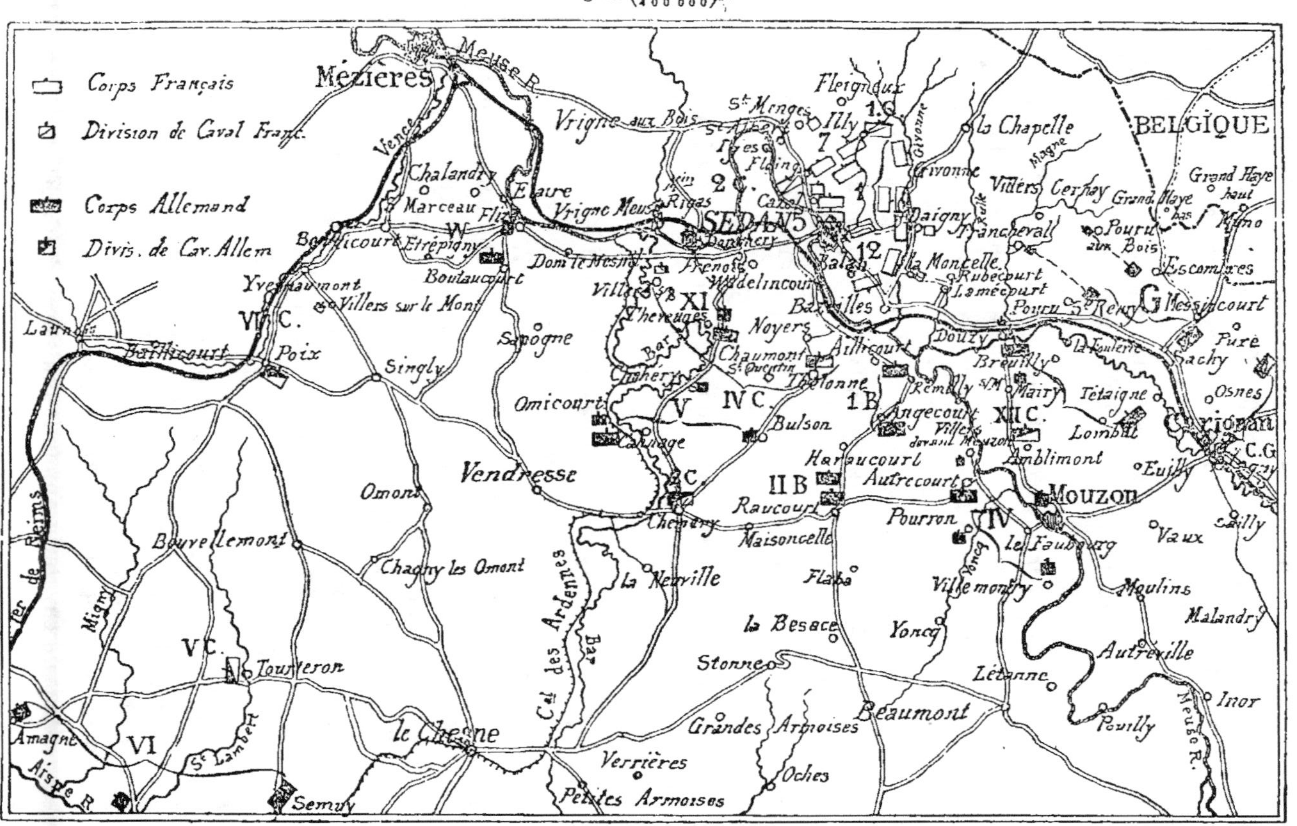

En exécution de ces ordres, le corps de la Garde, qui était arrivé à Beaumont le 30, franchit la Meuse vers 9 heures du matin à Pouilly, passe sur la rive droite de la Chiers à Blagny et s'avance avec sa 1re division jusqu'à Pourru-Saint-Remy et Escombres, tandis que sa 2e division reste en réserve avec l'artillerie de corps entre Sachy et Carignan.

Le XIIe corps saxon traverse la Meuse à 10 heures à Létanne, et s'avance sur la route de Mouzon jusqu'à Douzy, où son avant-garde arrive à 3 heures de l'après-midi.

La division de cavalerie de la Garde et la 12e division de cavalerie éclairent ces deux corps dans ces deux directions.

Le IVe corps reste à Mouzon, qu'il occupe dans la matinée du 31.

Le Ier corps bavarois, qui avait campé le 30 à Raucourt, s'avance sur Rémilly et relie ainsi l'armée de la Meuse à la IIIe armée.

La 4e division de cavalerie, qui, dans la journée du 30, s'était portée de Vouziers à Flabas, part au petit jour, gagne Thélonne et s'avance jusqu'à Wadelincourt ; une section de la batterie à cheval qui l'accompagne canonne la voie ferrée de Sedan à Donchéry et réussit à arrêter la circulation des trains. (Une brigade va bivouaquer plus à l'O. à Villers-sur-Bar.)

Le XIe corps, qui, le 30, avait été dirigé de Monthois sur Quatre-Champs, puis sur la Berlière et Stonne, s'avance par Chémery jusqu'à Donchéry ; il trouve le village inoccupé et le pont en bon état, et établit en conséquence ses avant-postes à Vrigne-sur-Meuse.

La division wurtembergeoise, qui s'était portée le 30 de Grandpré à Verrières, s'avance sur Mézières par Vendresse, s'établit à Boutaucourt et repousse quelques partis de cavalerie ennemis qui paraissent à Flize.

La 6e division de cavalerie qui, le 30, s'était portée de Vouziers à Le Chesne, se dirige sur Mézières par Bouvellemont, gagne Poix, où elle coupe la voie ferrée de Mézières à Rethel, et force, à l'aide de sa batterie à cheval, quelques détachements ennemis à se replier sur Mézières.

En seconde ligne, le IIe corps bavarois s'établit derrière le Ier vers Raucourt; le Ve corps derrière le XIe vers Chéhéry; et la 2e division de cavalerie à Chémery.

Enfin le VIe corps, qui le 30 s'était porté de Vienne-le-Château à Vouziers, passe sur la rive droite de l'Aisne à Attigny.

Ainsi les événements des 30 et 31 août avaient mis l'armée de Châlons dans une situation des plus critiques; resserrée sous les murs de Sedan entre la Meuse et la frontière belge, occupant à peine un front de 6 kilomètres, elle se trouvait obligée de faire face à l'E., et au S.-E. avec la majeure partie de ses forces, aux deux corps de l'armée de la Meuse qui la poursuivaient sur la rive droite et au Ier corps bavarois qui s'emparait du pont de Bazeilles; deux de ses corps, en partie désorganisés, restaient dans l'inaction : et la presqu'île de Donchéry, dont la possession de Saint-Menges à Vrigne-aux-Bois, eût couvert la dernière ligne de retraite de l'armée, restait sans défenseurs, tandis que la IIIe armée allemande, maîtresse du pont de Donchéry à peine éloigné de 7 kilomètres de la route de Sedan à Mézières, était prête à jeter dans la matinée du 1er septembre sur la rive droite de la Meuse deux corps entiers, qui devaient prendre en flanc et à revers l'armée française et lui barrer la route de Mézières.

Combat du pont de Bazeilles, le 31 août. — Le Ier corps bavarois s'était mis en marche de Raucourt sur Rémilly en deux colonnes : la 1re division avec l'artillerie de réserve à 7 heures et demie sur la grande route par Haraucourt et

Angecourt; la 2ᵉ division une heure plus tard par le chemin situé à droite de la grande route et traversant le bois d'Angecourt. L'équipage de pont du corps, laissé en arrière à Sommauthe, devait gagner Rémilly le plus tôt possible.

En arrivant à 8 heures et demie à Rémilly, l'avant-garde de la 1ʳᵉ division essuie le feu de quelques tirailleurs embusqués sur la rive droite de la Meuse; et l'on aperçoit de fortes colonnes françaises marchant de Douzy sur Bazeilles (fig. 11).

La section de la pointe d'avant-garde (¹⁄₃ de la 1ʳᵉ batterie légère) se met immédiatement en batterie sur les pentes O. de Rémilly et tire à 2 700 mètres sur un train du chemin de fer et sur les convois qui défilent sur la route; elle est bientôt renforcée par les deux batteries d'avant-garde (²⁄₃ de la 1ʳᵉ légère, et 7ᵉ lourde), qui prennent position à l'E. de la route d'Angecourt, à hauteur de Rémilly; puis, quelque temps après, les deux autres batteries de la division viennent se placer, la 3ᵉ légère à la droite de la 7ᵉ lourde, et la 5ᵉ lourde à la droite de la section détachée de la 1ʳᵉ légère, et ces quatre batteries entrent en lutte, vers 10 heures du matin, avec 4 batteries françaises établies à l'E. de Bazeilles, en avant et en arrière de la route de Douzy; la 5ᵉ lourde dirige principalement son feu sur une batterie de mitrailleuses postée près de la station de Bazeilles. Malgré le feu assez vif de l'ennemi, qui cherche à se développer peu à peu face au S., les batteries bavaroises n'éprouvent pas de pertes sensibles; car les distances étaient considérables, de 2 300 à 2 700 mètres pour les batteries situées à l'O. de Rémilly et de 3 400 à 3 600 mètres pour celles situées à l'E.

Cependant, la 2ᵉ brigade bavaroise s'étant déployée au N. d'Angecourt, trois bataillons sont dirigés sur Pont-Maugy, afin d'assurer la gauche de la division, et les 6 batteries de réserve sont amenées. Les 7ᵉ et 8ᵉ batteries lourdes de réserve prennent d'abord position à l'O. de

Fig. 11 $\left(\frac{1}{40\,000}\right)$.

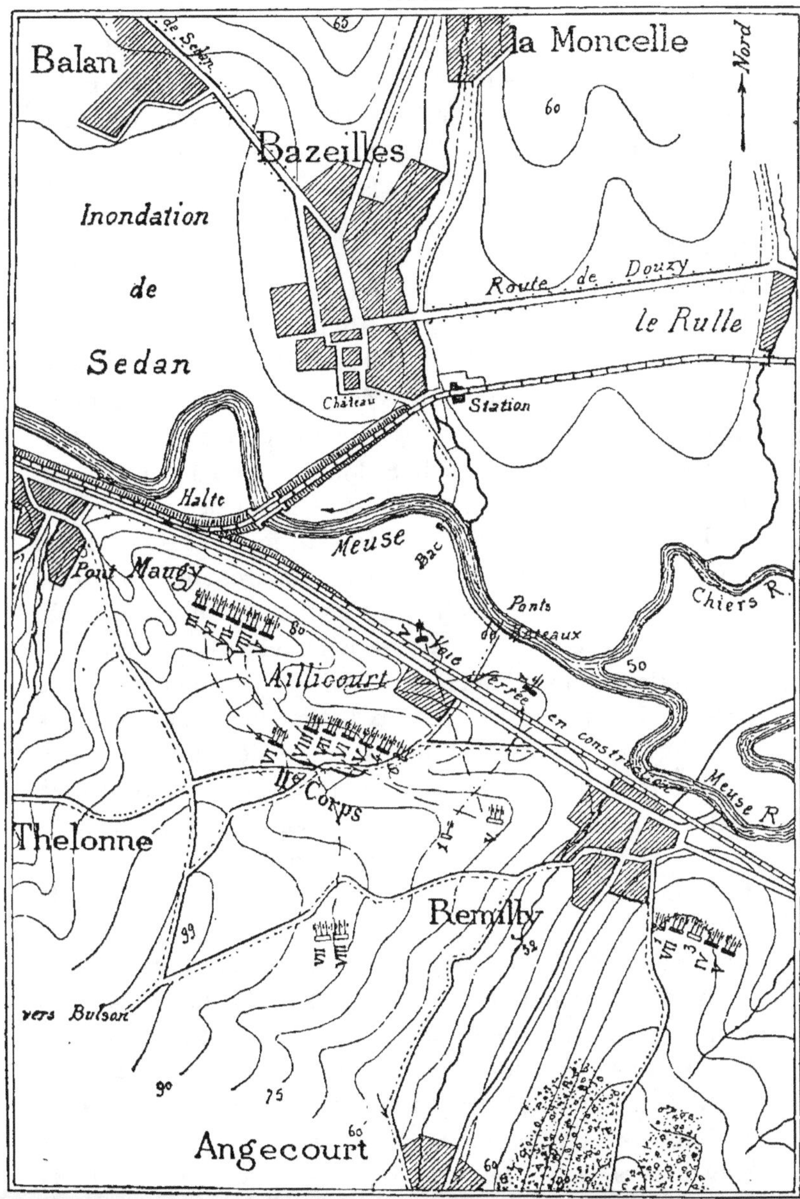

Les premières positions des batteries sont représentées en blanc; les positions suivantes en noir.

Les batteries lourdes sont désignées par des chiffres romains; les légères par des chiffres arabes.

Rémilly, près du chemin de Bulson; mais les distances de tir étant trop grandes, elles se rapprochent de Bazeilles; la 8e se place, à 600 mètres du pont du chemin de fer, sur les pentes S. de la vallée de la Meuse, à l'E. de Pont-Maugy, et tire à 2 600 mètres sur une batterie française postée, au N. de Bazeilles, près de la Moncelle ; la 7e lourde s'établit à sa gauche, et tire à obus et à mitraille sur les tirailleurs ennemis, qui, cachés derrière le remblai et le pont du chemin de fer, dirigent un feu très-vif sur les deux batteries bavaroises. L'arrivée de l'infanterie envoyée de Rémilly sur Pont-Maugy met fin à cette situation critique, et deux autres batteries de réserve, la 6e et la 3e lourdes, viennent s'établir près d'elles et à leur gauche. La 6e lourde avait occupé une première position à droite et en arrière de la 8e lourde et de là ouvert son feu à 1 850 mètres sur une batterie française située près de la station. Ces trois batteries tirent de 1 000 à 1 400 mètres à obus à balles et à obus ordinaires sur l'infanterie française qui occupe les jardins au S. de Bazeilles, et après l'avoir obligée, de concert avec les chasseurs bavarois, à se retirer dans l'intérieur du village, lancent des obus incendiaires sur les principaux bâtiments. A la droite, les 4e et 5e batteries lourdes de réserve avaient été dirigées à l'E. de Rémilly pour remplacer la 3e légère qui avait déjà consommé toutes ses munitions disponibles. La 2e batterie à cheval, ainsi que les colonnes de munitions étaient maintenues en réserve au N. d'Angecourt à côté de la route.

Sur ces entrefaites, le général de Stephan, informé que l'ennemi cherchait à faire sauter le pont du chemin de fer, et que les appareils étaient en partie disposés, donne l'ordre au 4e bataillon de chasseurs de chercher à s'opposer à l'exécution de ce projet. La 3e compagnie s'avance le long de la voie ferrée en construction, disperse les travailleurs par un feu très-vif exécuté à petite distance, puis, s'élançant au pas de course, escalade le remblai du

chemin de fer, traverse le pont en même temps que deux
autres compagnies, malgré le feu nourri de l'adversaire,
et réussit à jeter les barils de poudre dans la Meuse. Mais
cette petite troupe ainsi aventurée sur la rive droite est
bientôt obligée de s'abriter derrière le pont pour échapper
à la grêle de balles que font pleuvoir sur elle les tirailleurs
ennemis qui reviennent occuper le S. du village, et une
batterie de mitrailleuses postée près de la station.

Aucun renfort ne lui est envoyé, parce que le général
de Thann ne se souciait pas d'entrer en lutte sur la rive
droite, avant que l'armée de la Meuse n'eût elle-même
attaqué les positions ennemies ; il voulait pour le moment
se borner à contenir l'adversaire à distance de la rive et
à préparer les moyens de passage pour le lendemain.

Toutefois, pour protéger la retraite de ces compagnies,
les batteries bavaroises dirigent un feu très-vif sur l'ennemi ; une section de la 5e batterie lourde descend dans
la vallée, franchit la route et la voie ferrée en construction, prend position en avant d'Aillicourt, à 950 mètres
du pont, et tire sur la station ; les deux autres sections de
la 5e lourde s'établissent à la droite des quatre batteries
de réserve, entre Pont-Maugy et Aillicourt. Ces batteries
concentrent leur action sur les abords S. du village, sur
le château de Bazeilles, et sur les batteries françaises qui
avaient gagné les hauteurs entre Balan et la Moncelle, et à
l'E. du village. Grâce à cet appui efficace, les chasseurs
bavarois regagnent en bon ordre la rive gauche de la
Meuse, pendant que les Français se retirent eux-mêmes
peu à peu vers le N., abandonnant Bazeilles que les obus
bavarois avaient en partie incendié.

Vers une heure, les batteries bavaroises cessent gra-
duellement leur feu, devenu inefficace par suite de la
retraite des batteries françaises au N. de la Moncelle ;
seules les 5e et 4e lourdes de réserve tirent encore, à l'extrême droite, sur les colonnes d'infanterie et de cavalerie
en marche vers l'O. sur la route de Douzy à Bazeilles.

L'équipage de pont étant arrivé à Aillicourt à deux heures et demie, le général de Thann donne l'ordre de jeter immédiatement deux ponts sur la Meuse, à hauteur de ce hameau, afin de profiter sans retard de la retraite de l'ennemi.

Cependant, pour assurer cette opération, une partie du bataillon de chasseurs franchit de nouveau le pont du chemin de fer, s'avance dans Bazeilles, qu'il trouve complétement évacué, et gagne sans difficulté la partie N. du village, une section de la 5e lourde se met en batterie sur le pont pour soutenir ce mouvement.

En outre, sur les pentes qui dominent Aillicourt, 6 batteries sont placées pour défendre les approches des ponts : 4 batteries lourdes de réserve, envoyées de Raucourt par le IIe corps (5e, 6e, 7e et 8e) et les deux batteries du détachement du colonel Schuch (6e lourde et 4e légère) qui avaient rejoint le corps à Rémilly.

Les Français tentent alors un retour offensif, et refoulent les chasseurs bavarois, qui, n'étant point soutenus, sont bientôt obligés de se replier vers la Meuse ; mais, dès qu'ils paraissent de nouveau au S. de Bazeilles, ils sont accueillis par une violente canonnade de toutes les batteries et sont bientôt contraints eux-mêmes de s'arrêter ; les chasseurs bavarois de leur côté repassent sur la rive gauche, partie par le pont du chemin de fer, partie par le bac.

Pendant ce temps les ponts avaient pu être jetés ; et vers 4 heures l'opération était terminée, sans que l'adversaire eût fait de sérieuse démonstration ; un feu lent et soutenu fut continué contre Bazeilles par les batteries bavaroises jusqu'à 5 heures du soir, afin d'occuper l'attention des batteries françaises.

Ainsi le Ier corps avait rempli son programme pour la journée du 31 ; il occupait fortement la rive gauche de la Meuse, depuis Rémilly jusqu'à Pont-Maugy ; 15 batteries étaient en position, et quatre autres étaient en réserve derrière Rémilly; les deux divisions étaient concentrées entre Rémilly et Angecourt, et prêtes à se jeter sur la rive droite par les trois ponts, le bac et quelques canots qu'elles avaient à leur disposition.

REMARQUES SUR LE ROLE DE L'ARTILLERIE ALLEMANDE

PENDANT LES JOURNÉES DU 29 AU 31 AOUT 1870.

Le 27 août, grâce au concours efficace d'une batterie à cheval, une brigade de la 12e division de cavalerie saxonne occupe le point important de Buzancy, malgré la proximité de toute la division de cavalerie du 5e corps (Brahaut).

Le 29 août, au combat de Nouart, l'avant-garde du XIIe corps saxon ouvre son feu sur les têtes de colonnes françaises avec 3 batteries, et bientôt après amène en ligne 3 autres batteries; elle réussit ainsi à faire déployer tout le 5e corps français, qui pense avoir affaire à des forces considérables.

Le 30 août, à la bataille de Beaumont, on voit l'artillerie allemande jouer un rôle décisif, surtout pendant la première période. Grâce à la bonne répartition de l'artillerie dans les différentes colonnes de l'armée de la Meuse, la lutte peut être soutenue, dès les premiers instants, avec un nombre imposant de batteries.

Dans les 5 colonnes (voir l'ordre de marche, tableau I), l'avant-garde avait une ou deux batteries derrière le 1er ou le 2e bataillon; le reste des batteries divisionnaires marchaient derrière la 1re compagnie du 1er bataillon du gros, excepté dans le corps bavarois, où les batteries étaient réparties dans chaque brigade; quant à l'artillerie de corps, elle était réunie à la queue de la 1re division du corps, excepté dans le XIIe corps saxon, où elle marchait immédiatement derrière les batteries de la 1re division. Ainsi, 4 batteries pouvaient être déployées en même temps que les 6 ou 7 premiers bataillons de chaque colonne, forces suffisantes pour résister au premier choc de l'ennemi.

Les dispositions prises par les Bavarois et par les Saxons ne paraissent pas devoir être conseillées ; car, d'une part, plusieurs des batteries bavaroises, réparties dans les différentes brigades, ne purent arriver assez à temps pour entrer en action ; et, d'autre part, le XIIe corps saxon, avec toute cette masse d'artillerie en tête, eût éprouvé sans doute de grandes difficultés à se déployer, s'il n'avait pas eu à sa disposition une excellente route, si l'attaque du IVe corps n'avait singulièrement allégé sa tâche, et s'il n'avait pas trouvé les bouquets de bois situés au N. de la ferme de Beaulieu complétement dégarnis.

Au début de la bataille de Beaumont, les batteries divisiónnaires du IVe corps, concentrant leur feu uniquement sur les tirailleurs et les soutiens ennemis, et attirant sur elles tout l'effort de l'adversaire, permettent aux divisions de se développer et réussissent à arrêter, au prix de grands sacrifices, les attaques acharnées que les Français, une fois revenus de leur surprise, ne tardent pas à diriger contre le centre des Allemands.

Plus tard, grâce à la puissante protection de ses 14 batteries qui couronnent les hauteurs au S. de Beaumont, le IVe corps s'empare de la ville, sans avoir trop à souffrir du feu de l'artillerie ennemie.

Après la prise de Beaumont, une grande ligne de 27 batteries se forme à l'E. et à l'O. de la ville, et permet au IVe corps de remettre de l'ordre dans ses troupes mélangées, en concentrant son action sur l'artillerie ennemie et préparant l'attaque des hauteurs qui s'étendent de la Harnoterie à Sainte-Hélène. Alors se fait sentir l'absence d'un commandant en chef de l'artillerie de l'armée de la

Meuse ; les batteries sont mélangées, d'un corps à l'autre ; les Abtheilungen se trouvent divisées ; les divisions sont privées de leurs batteries respectives ; aussi, dans la deuxième période de la bataille, le rôle de l'artillerie allemande se trouve un peu effacé, et la plus large part des succès doit être attribuée à l'infanterie. Les batteries s'attardent au S. et à l'E. de Beaumont, tandis qu'elles eussent trouvé, à l'O. de la route de Mouzon, d'excellentes positions pour agir avec une grande efficacité contre l'aile droite des Français.

Si, comme on pouvait s'y attendre, le mont de Brune avait été garni d'une forte ligne d'artillerie française, soutenue par des troupes fraîches du 12e corps (1), et si les hauteurs de Pourron avaient été défendues, les Allemands, privés de la presque totalité de leur artillerie, eussent rencontré des difficultés de nature à retarder considérablement leurs succès.

Le mont de Brune est la clef de la position dans cette dernière période de la bataille ; son occupation permet à l'artillerie allemande de reprendre un rôle important ; les dix batteries, qui s'y établissent, brisent les dernières résistances de l'adversaire acculé à la Meuse, et empêchent le passage de la rivière en couvrant de leurs obus les ponts et la route de Mouzon, tandis que les deux batteries bavaroises, postées sur les hauteurs de Pourron, ferment par leur tir efficace toute retraite vers le N.

Dispositions de combat. — *L'emploi de sections isolées* doit être condamné en principe ; car leur efficacité est insuffisante dans la plupart des cas ; et ce n'est pas trop des six pièces d'une batterie pour battre avec succès un même but. Cependant, lorsque le terrain n'offre pas assez

---

(1) La situation du 5e corps à Beaumont était connue à 2 heures de l'après-midi à Mouzon ; ce n'est qu'à 6 heures du soir que le mont de Brune fut attaqué ; les Français avaient donc eu 4 heures pour organiser la défense de cette position dominante.

d'espace ou lorsque les troupes de soutien sont trop peu nombreuses, il peut y avoir lieu d'employer des sections isolées : ainsi le 28 au soir, au S. de Nouart, une section protége la retraite de la 12e division de cavalerie ; la batterie entière eût exigé comme soutien une partie du gros ; le 31, une section de la 1re batterie à cheval, affectée à la 4e division de cavalerie, tire sur le chemin de fer de Sedan à Donchéry et réussit à arrêter la circulation ; la batterie entière n'eût pas trouvé de place sur la hauteur.

Dans toutes les autres circonstances, on eut tort d'agir avec des sections isolées (le 30, 2e batterie légère bavaroise contre Warniforêt ; le 31, combat de Bazeilles).

Le *déploiement des Abtheilungen* se fit toujours par batterie, chaque batterie se déployant pour son compte et se rendant par le chemin le plus court sur la ligne des batteries de tête : tantôt, les batteries de tête restant au centre, les batteries de queue se portaient aux ailes ; tantôt, les deux batteries de tête prenant de grands intervalles, les batteries de queue s'intercalaient entre elles. Cette dernière formation peut présenter des avantages dans le cas où l'on a à canonner plusieurs buts qui seraient mal vus d'une position unique, ou lorsque l'on cherche à éparpiller le feu de l'adversaire ; elle a l'inconvénient de rendre beaucoup plus difficile l'utilisation d'un terrain limité, les batteries qui viennent occuper le centre trouvant trop ou trop peu de place.

Pour ce qui est de l'artillerie de corps, la plus grande mobilité des batteries à cheval permet de les faire entrer en ligne avant les autres ; il y a donc lieu d'en faire une Abtheilung à part. Il y aurait lieu aussi de grouper dans une même Abtheilung toutes les batteries lourdes, et dans une autre toutes les batteries légères ; nous voyons en effet le XIIe corps à Beaumont rompre ses Abtheilungen dont chacune comprenait des batteries lourdes et des batteries légères, et en former de nouvelles : l'une légère, qui peut être déplacée plus facilement, et l'autre lourde, qui peut continuer la lutte aux grandes distances ; de même, le 31, le Ier corps bavarois à Rémilly forme des Abtheilungen lourde et légère.

L'Abtheilung de quatre batteries semble se prêter assez mal aux mouvements pendant le combat ; malgré les efforts continuels des officiers supérieurs pour réunir leurs batteries sous leur main, elles furent sans cesse séparées. La nécessité de répartir dans certains cas les batteries entre les brigades, les difficultés du terrain, la diversité et l'encombrement des routes suivies par les batteries, enfin le manque d'espace pour développer quatre batteries de front, sont autant de causes inévitables de la disjonction des Abtheilungen ; aussi voyons-nous un ensemble de deux batteries, comme les deux batteries à cheval, rester à peu près uni pendant tout le combat, tandis qu'un ensemble de quatre batteries n'a jamais pu s'avancer en bataille pour gagner de nouvelles positions, sans être immédiatement divisé en plusieurs groupes.

Les *distances de tir* varièrent entre 300 et 3 000 mètres. Les batteries furent employées avec le plus grand succès, dans la zone efficace du fusil, c'est-à-dire de 300 à 600 mètres, contre les lignes des tirailleurs et des soutiens ennemis, mais en les maintenant étroitement liées à l'infanterie ; les pertes qu'elles éprouvèrent furent considérables ; mais cependant elles purent continuer leur feu sans interruption et une seule d'entre elles dut renoncer momentanément à la lutte (4ᵉ légère du IVᵉ corps) ; le remplacement des munitions put se faire même dans ces circonstances.

Le tir aux grandes distances ne fut employé que lorsque la nature du terrain empêchait de se rapprocher ; dans ce cas, les canons de 9ᶜ se montrèrent très-supérieurs à ceux de 8ᶜ, à cause de la difficulté d'observation des points de chute pour le projectile de petit calibre. — Les luttes décisives d'artillerie furent presque toujours entreprises à 1 500 mètres ; à cette distance, on réussit à provoquer rapidement la retraite des batteries ennemies, surtout des mitrailleuses. Au delà de 2 600 mètres le tir parut sans résultat ; il fut toujours d'une efficacité suffisante : contre des lignes de tirailleurs et leurs premiers soutiens, de 300 à 750 mètres ; contre des villages ou des fermes occupés, de 900 à 1 900 mètres ; contre des positions dominantes, de 1 200 à 1 600 mètres (mont de Brune et mamelon d'Yoncq, le 30 août).

Quant aux *projectiles*, on se servit presque toujours d'obus ordinaires ; on ne tira aucune boîte à mitraille ; un nombre notable de shrapnels fut lancé, le 30 par les Saxons et le 31 par les Bavarois, contre des troupes retranchées dans des bois ou des jardins de 1 000 à 1 400 mètres. Le 31, les Bavarois usèrent d'obus incendiaires contre Bazeilles, mais sans obtenir de grands résultats, car le village fut occupé toute la nuit du 31 août au 1er septembre par les Français ; aussi l'emploi de ces derniers projectiles paraît-il d'une utilité douteuse, les obus ordinaires suffisant le plus souvent à mettre le feu aux bâtiments (ferme de la Harnoterie).

Le *remplacement des munitions* dans les batteries s'est fait sans grande difficulté même pendant le combat. Le 2e échelon(¹) de chaque batterie avait été relégué à la queue de la colonne, à l'entrée du bois de Dieulet, le 30 août ; comme, pendant la bataille de Beaumont, les corps en action parcoururent plus de 10 kilomètres, ce n'est pas sans peine que ces échelons rejoignirent leurs batteries ; on ne se trouva pas cependant à court de munitions ; la consommation en est en effet d'autant moins forte que les batteries ont plus de terrain à par-

---

(¹) Le 1er échelon comprenait : 3 caissons et 1 chariot de batterie avec divers objets de rechange et 2 brancards d'ambulance, et se tenait aussi près que possible des pièces. Le 2e échelon, sous les ordres du *capitaine d'armes* (grade analogue à celui de l'adjudant), comprenait : 3 caissons, 1 forge et 2 chariots de batterie, et se réapprovisionnait au 1er échelon des colonnes de munitions.

D'après le nouveau règlement de 1876, la batterie comprend : 6 pièces, 8 caissons, 1 forge et 3 chariots de batterie ; le 1er échelon se compose de 4 caissons et du chariot n° 1, à moins d'ordres contraires du chef de corps. (Voir *Revue d'artillerie*, tome X, avril 1877, page 46.)

courir pendant le combat. Aussi ne doit-on pas hésiter, lors du passage d'un défilé, à laisser les 2es échelons complétement en arrière de la colonne, afin de faciliter le développement de la division; il vaut bien mieux avoir, à la sortie du défilé, un grand nombre de canons avec un approvisionnement faible mais suffisant pour le premier moment, que d'avoir de forts approvisionnements et un nombre plus restreint de canons. Si l'on rencontre une résistance sérieuse, qui entraîne une grande consommation de munitions, l'arrêt, qui se produira forcément dans la marche, permettra au 2e échelon de rejoindre sa batterie.

Le seul inconvénient de cette disposition est la difficulté de remplacer les servants ou les conducteurs mis hors de combat, le 1er échelon ne pouvant emmener qu'un nombre assez restreint d'hommes non montés : on le ferait disparaître en partie, si tout le personnel du 1er échelon était exercé aussi bien au service des pièces qu'à la conduite des voitures.

Le *réapprovisionnement* des batteries se faisait à l'aide des colonnes de munitions du corps d'armée; presque tous les corps d'armée avaient 9 colonnes de munitions, 5 d'artillerie et 4 d'infanterie (¹); ces 9 colonnes formaient deux échelons : le premier, composé de deux colonnes de munitions d'artillerie et de deux colonnes de munitions d'infanterie, se tenait le plus près possible du corps, remplissait les caissons vides envoyés par les batteries, et se complétait lui-même à l'aide du 2e échelon.

Ce dernier se trouvait à des distances plus ou moins grandes du corps d'armée, suivant que ses colonnes de

---

(¹) Une colonne de munitions d'artillerie comprenait : 9 caissons de 8^c et 8 caissons de 9^c, 1 chariot de parc, 1 forge de campagne, 3 ou 4 affûts de rechange, 1 voiture à bagages.

Une colonne de munitions d'infanterie comprenait : 24 caissons, 1 chariot de parc, 1 forge de campagne, 1 voiture à bagages.

D'après le nouveau règlement, il y a 6 colonnes de munitions d'artillerie par corps d'armée, chaque colonne comprenant 17 caissons de 9^c, 3 caissons de 8^c, 2 affûts de rechange de 9^c et 1 de 8^c, 1 chariot de batterie, 1 forge, 1 voiture à bagages.

munitions étaient vides ou pleines ; en général, à une demi-journée de marche en arrière ; il se réapprovisionnait au *parc de munitions de réserve* de l'armée. Ce parc se composait de 8 *colonnes de munitions de réserve*, chaque colonne comprenant 24 caissons de munitions d'artillerie et 8 caissons de munitions d'infanterie ; ces colonnes, qui restaient à de grandes distances de l'armée (150 à 250 kilomètres), recomplétaient les colonnes de munitions qui leur étaient envoyées des différents corps d'armée, et tiraient elles-mêmes leurs munitions d'un *dépôt de munitions de réserve*[1], soit en y envoyant les colonnes vides, soit en se faisant expédier des caisses de munitions par les voies ferrées, quand il était possible. Pour la IIIe armée ces 8 colonnes de munitions de réserve avaient été dirigées deux par deux sur Wissembourg, dès le 7 août, et elles y étaient arrivées toutes le 10. L'armée s'étant avancée sur Nancy, 4 de ces colonnes étaient restées à Wissembourg, et les 4 autres avaient gagné Haguenau, où elles délivrèrent : 2850 charges au VIe corps qui avait bombardé Phalsbourg et Toul ; 1 248 charges au XIe corps qui avait aussi bombardé Phalsbourg ; et enfin une grande quantité de cartouches d'infanterie, tant pour les troupes de la landwehr que pour remplacer les cartouches détériorées. Le 28 août, quand la IIIe armée eut entrepris sa marche vers le N. contre l'armée de Châlons, 4 colonnes furent envoyées à Nancy, et, le 2 septembre, les 4 autres reçurent l'ordre de les rejoindre ; toutefois les colonnes n'arrivèrent que le 9 septembre à Nancy où elles purent réapprovisionner les colonnes de munitions des différents corps d'armée qui s'étaient battus à Sedan. Le 17 septembre, les voies ferrées étant devenues plus libres, 4 colonnes vides retournèrent à Erfurt, où elles restèrent jusqu'à

---

[1] Pour la IIIe armée, le dépôt de munitions de réserve était à Erfurt et contenait un approvisionnement tout prêt de 4 1/2 à 6 millions de cartouches d'infanterie, 400 à 500 mille cartouches pour la cavalerie, 7 à 10 mille coups pour canons de 9e et 10 à 16 mille coups pour canons de 8e.

la fin de la campagne, ayant pour mission d'expédier
aux 4 autres colonnes les munitions nécessaires.

Telle était l'organisation qui permit aux corps allemands
d'avoir leurs munitions au complet, le 1er septembre,
malgré leur éloignement des dépôts, malgré les marches
rapides qu'ils avaient dû faire et les combats qu'ils avaient
dû livrer les jours précédents.

A. LUCAS,
Capitaine d'artillerie.

TABLEAUX I, II ET III.

TABLEAÚ I. — Ordre de marche des Ier, IVe et XIIe Corps le 30 août 1870.

Ier CORPS BAVAROIS.	IVe CORPS.		XIIe CORPS SAXON.	
Général en chef : DE THANN-RATHSAMHAUSEN.	*Général en chef : D'ALVENSLEBEN.*		*Général en chef : PRINCE GEORGES DE SAXE.*	
Sur la route de Sommauthe.	8e DIVISION. *Général de Schœler.* Sur la route de la ferme de Belle-Volée.	7e DIVISION. *Général de Schwarzhoff.* Sur la route de la ferme do Belle-Tour.	21e DIVISION. *Général Nehrhoff de Holderberg.* Sur la route de la ferme Fontaine-au-Fresne.	23e DIVISION. *Général de Montbé.* Sur la route de Stenay.
Avant-garde. *Général de Thann.* 1er et 2e escadrons du 4e régiment de chevau-légers. 7e bataillon de chasseurs. 4e batterie de 4. 2e et 1er bataillons du 13e régiment. 3e et 4e escadrons du 4e régiment de chevau-légers. 6e batterie de 6. 10e régiment d'infanterie. — Total : 6 bataillons, 4 escadrons, 2 batteries. **Gros de la 2e division.** *Général Schumacher.* 1er bataillon de chasseurs. 2e batterie de 4.	**Avant-garde.** *Colonel Scheffler.* 2e escadron du 12e hussards. 1re compagnie du 4e bataillon de chasseurs. 3e, 4e et 5e escadrons du 12e hussards. 2e, 3e et 4e compagnies du 4e bataillon de chasseurs. 4e batterie de 4. 3e batterie de 6. 86e régiment d'infanterie. 2e bataillon et bataillon de fusiliers du 96e régiment. 1re compagnie de pionniers de campagne avec équipage de pont léger. 2e section du détachement sanitaire n° 2. — Total : 6 bataillons, 4 escadrons, 2 batteries.	**Avant-garde.** 1 peloton du 7e régiment de dragons. Bataillon de fusiliers du 66e régiment. 3e compagnie de pionniers. 2e batterie de 4. Total : 1 bataillon, 1 batterie. **Gros.** 1er et 2e bataillons du 66e régiment. 1re batterie de 4. 1re batterie de 6. 2e id. 26e régiment d'infanterie. 93e id. 27e id. 7e régiment de dragons. 1er détachement sanitaire. —	**Avant-garde.** *Colonel von Elterlein.* 1er régiment de cavalerie. 12e bataillon de chasseurs. 1er bataillon du 104e régiment. 4e batterie de 4. 3e bataillon du 104e régiment. Total : 3 bataillons, 4 escadrons, 1 batterie. **Gros.** 2e bataillon du 104e régiment. 4e batterie de 6. 3e id. 105e régiment d'infanterie. 106e id. 3e batterie de 4. 107e régiment d'infanterie. 13e bataillon de chasseurs. —	**Avant-garde.** *Colonel von Hausen.* 4e escadron du 2e régiment de cavalerie. 103e régiment de tirailleurs. 2e batterie de 4. 3e compagnie de pionniers. Total : 3 bataillons, 1 escadron, 1 batterie. **Gros.** 12e compagnie du 100e régiment de grenadiers. 1re batterie de 4. 1re batterie de 6. 2e id. ARTILLERIE DE CORPS. *Colonel Funcke.*

Général de Tausch. 6e régiment de chevau-légers. 1re batterie à cheval. 1er régiment de cuirassiers. 2e régiment de cuirassiers. — Total : 5 bataillons, 12 escadrons, 3 batteries.	1er et 2e bataillons du 31e régiment. 71e régiment d'infanterie. 1re section du détachement sanitaire n° 2. — Total : 6 bataillons, 2 batteries.			5e batterie de 4. 101e régiment d'infanterie. 102e id. 1er et 2e bataillons du 103e régiment d'infanterie. 1er, 2e et 3e escadrons du 2e régiment de cavalerie. — Total 8 $\frac{1}{4}$ bataillons, 3 escadrons, 10 batteries.
ARTILLERIE DE RÉSERVE. *Colonel Bronzetti.* 7 batteries. 1re division d'infanterie. *Général Stephan.* 3e régiment de chevau-légers. 4e et 9e bataillons de chasseurs. 3e batterie de 4. 2e régiment d'infanterie. 1er et 2e bataillons du 11e régiment. 5e batterie de 6. 7e batterie de 6. 2e bataillon de chasseurs. 1re batterie de 4. Régiment d'infant^{ie} de corps. 1er et 2e bataillons du 1er régiment. — Total : 13 bataillons, 4 escadrons, 4 batteries.	ARTILLERIE DE CORPS. *Colonel Crusius.* 1re et 2e compagnies du 96e régiment. 2e batterie à cheval. 3e id. 5e batterie de 6. 6e id. 5e batterie de 4. 6e id. 3e et 4e compagnies du 96e régiment. Détachement sanitaire n° 3. — Total : 1 bataillon, 6 batteries.			11 compagnies du 100e régiment de grenadiers sur la route de la ferme de Wamme. 12e division de cavalerie avec 1re batterie à cheval, à Pouilly.
	Total de la 8e division : 13 bataillons, 4 escadrons, 60 canons.	Total de la 7e division : 12 bataillons, 4 escadrons, 24 canons.	Total de la 24e division : 14 bataillons, 4 escadrons, 24 canons.	Total de la 23e division : 14 bataillons, 4 escadrons, 66 canons.
TOTAL DU CORPS : 24 bataillons, 20 escadrons, 96 canons.	TOTAL DU IVe CORPS : 25 bataillons, 8 escadrons, 84 canons.		TOTAL DU XIIe CORPS : 28 bataillons, 24 escadrons, 96 canons.	

TABLEAU II. — État des pertes de l'artillerie allemande pendant la bataille de Beaumont.

DÉSIGNATION des TROUPES.	OFFICIERS.		TROUPE.		CHEVAUX.	
	Blessés.	Tués.	Blessés.	Tués.	Blessés.	Tués.
Artillerie du IVe Corps.						
État-major.	2	»	»	»	1	3
1re batterie lourde . . .	»	»	8	1	10	2
2e batterie lourde . . .	»	»	12	1	3	3
1re batterie légère . . .	1	»	11	»	3	10
2e batterie légère. . . .	2	»	10	1	12	7
3e batterie lourde. . . .	3	»	19	2	8	7
4e batterie lourde. . . .	»	»	9	»	22	»
3e batterie légère. . . .	1	»	7	3	17	10
4e batterie légère. . . .	2	1	23	3	20	14
5e batterie lourde . . .	»	»	1	»	2	»
6e batterie lourde . . .	»	»	»	»	1	»
5e batterie légère. . . .	»	»	2	»	1	»
6e batterie légère. . . .	»	»	1	»	»	«
2e batterie à cheval. . .	1	»	6	3	9	8
3e batterie à cheval. . .	1	»	4	»	3	9
Totaux.	13	1	113	14	112	73
Artillerie du XIIe Corps.						
1re batterie lourde . . .	»	»	1	»	1	»
2e batterie légère. . . .	»	»	1	»	»	»
4e batterie lourde . . .	»	»	1	»	»	»
6e batterie lourde . . .	»	»	1	»	2	»
1re batterie à cheval . .	»	»	»	»	4	»
Totaux.	»	»	4	»	7	»
Artillerie du Ier Corps bavarois.						
2e batterie légère. . . .	»	»	2	2	5	»
4e batterie légère . . .	»	»	2	»	»	»
6e batterie lourde . . .	»	»	»	»	2	»
Totaux.	»	»	4	2	7	»

TABLEAU III.

CONSOMMATION DES MUNITIONS DANS L'ARTILLERIE ALLEMANDE PENDANT LES JOURNÉES DES

DÉSIGNATION des TROUPES	29 août.				30 août.				31 août.			
	Obus ordinaires.	Shrapnels.	Boîtes à mitraille.	Total.	Obus ordinaires.	Shrapnels.	Boîtes à mitraille.	Total.	Obus ordinaires.	Shrapnels.	Boîtes à mitraille.	Total.
IVe Corps prussien.												
1re batterie lourde	»	»	»	»	215	»	»	215	»	»	»	»
2e batterie lourde	»	»	»	»	224	»	»	224	»	»	»	»
1re batterie légère	»	»	»	»	240	»	»	240	»	»	»	»
2e batterie légère	»	»	»	»	188	»	»	188	»	»	»	»
3e batterie lourde	»	»	»	»	317	»	»	317	»	»	»	»
4e batterie lourde	»	»	»	»	245	10	»	255	»	»	»	»
3e batterie légère	»	»	»	»	506	»	»	506	»	»	»	»
4e batterie légère	»	»	»	»	200	»	»	200	»	»	»	»
5e batterie lourde	»	»	»	»	275	»	»	275	»	»	»	»
6e batterie lourde	»	»	»	»	265	»	»	265	»	»	»	»
5e batterie légère	»	»	»	»	120	»	»	120	»	»	»	»
6e batterie légère	»	»	»	»	204	»	»	204	»	»	»	»
2e batterie à cheval	»	»	»	»	440	»	»	440	»	»	»	»
3e batterie à cheval	»	»	»	»	855	»	»	855	»	»	»	»
Totaux	»	»	»	»	4294	10	»	4304	»	»	»	»
XIIe Corps saxon.												
1re batterie lourde	394	»	»	394	91	15	»	106	»	»	»	»
2e batterie lourde	60	»	»	60	108	11	»	119	»	»	»	»
1re batterie légère	90	34	»	124	71	24	»	95	»	»	»	»
2e batterie légère	39	»	»	39	149	2	»	151	»	»	»	»
3e batterie lourde	17	»	»	17	87	»	»	87	»	»	»	»
4e batterie lourde	60	»	»	60	61	»	»	61	»	»	»	»
4e batterie légère	10	»	»	10	57	»	»	57	»	»	»	»
5e batterie lourde	»	»	»	»	29	»	»	29	»	»	»	»
6e batterie lourde	»	»	»	»	190	16	»	206	»	»	»	»
5e batterie légère	»	»	»	»	22	23	»	45	»	»	»	»
6e batterie légère	»	»	»	»	18	»	»	18	»	»	»	»
7e batterie lourde	»	»	»	»	155	»	»	155	»	»	»	»
8e batterie lourde	»	»	»	»	209	»	»	209	»	»	»	»
2e batterie à cheval	»	»	»	»	81	»	»	81	»	»	»	»
1re batterie à cheval	7[1]	»	»	7	7	»	»	7	»	»	»	»
Totaux	677	34	»	711	1335	91	»	1426	»	»	»	»
Ier Corps bavarois.												
1re batterie légère	»	»	»	»	»	»	»	»	301	»	»	301
3e batterie légère	»	»	»	»	68	»	»	68	82[2]	»	»	82
5e batterie lourde	»	»	»	»	11	»	»	11	176	»	»	176
7e batterie lourde	»	»	»	»	49	»	»	49	230	18	»	248
2e batterie légère	»	»	»	»	130	»	»	130	25	»	»	25
4e batterie légère	»	»	»	»	210	»	»	210	»	»	»	»
6e batterie lourde	»	»	»	»	183	»	»	183	»	»	»	»
8e batterie lourde	»	»	»	»	8	»	»	8	25	»	»	25
1re batterie à cheval	»	»	»	»	»	»	»	»	»	»	»	»
2e batterie à cheval	»	»	»	»	»	»	»	»	»	»	»	»
3e batterie lourde	»	»	»	»	»	»	»	»	230[3]	»	»	230
4e batterie lourde	»	»	»	»	»	»	»	»	35	»	»	35
5e batterie lourde de rés.	»	»	»	»	»	»	»	»	79[4]	»	»	79
6e batterie lourde de rés.	»	»	»	»	»	»	»	»	310[5]	50	»	360
7e batterie lourde de rés.	»	»	»	»	»	»	»	»	450	30	»	480
8e batterie lourde de rés.	»	»	»	»	»	»	»	»	204	24	»	228
Totaux	»	»	»	»	659	»	»	659	2147	122	»	2269
Totaux généraux	711				6389				2269			

[1] Le 28 au soir. — [2] 6 obus incendiaires. — [3] 15 obus incendiaires. — [4] 60 obus incendiaires. — [5] 16 obus incendiaires.

(Extrait de la *Revue d'artillerie*.)

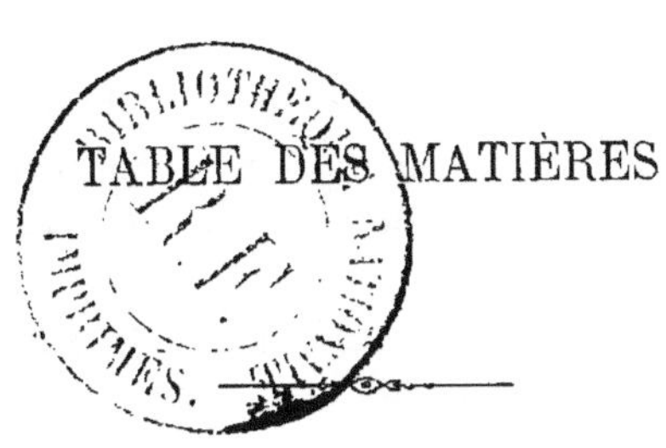

TABLE DES MATIÈRES

Nancy, imprimerie de Berger-Levrault et Cie.

www.ingramcontent.com/pod-product-compliance
Lightning Source LLC
Chambersburg PA
CBHW061759050726
47598CB00002B/800